珍本水书校释丛书

八宫取用卷译注

梁光华 蒙耀远 罗刚 肖锟 译注

图书在版编目（CIP）数据

八宫取用卷译注/梁光华等译注.—上海：上海古籍出版社，2019.8
（珍本水书校释丛书）
ISBN 978-7-5325-9292-0

Ⅰ.①八… Ⅱ.①梁… Ⅲ.①水族－少数民族风俗习惯－礼仪－中国 ②《八宫取用卷》－译文 ③《八宫取用卷》－注释 Ⅳ.①K892.369

中国版本图书馆CIP数据核字（2019）第147782号

珍本水书校释丛书

八宫取用卷译注

梁光华　蒙耀远　罗刚　肖锟　译注
上海古籍出版社出版发行
（上海瑞金二路272号　邮政编码200020）
（1）网址：www.guji.com.cn
（2）E-mail：guji1＠guji.com.cn
（3）易文网网址：www.ewen.co
常熟市新骅印刷有限公司印刷
开本 635×965　1/16　印张 18　插页 5　字数 302,000
2019年8月第1版　2019年8月第1次印刷
ISBN 978-7-5325-9292-0

H·213　定价：128.00元
如有质量问题，请与承印公司联系

"十三五"国家出版规划少数民族出版规划项目

国家语委语言文字科研项目优秀成果后期资助2017年度项目《国家珍贵古籍名录〈水书·八宫取用卷〉等六种译注》(项目编号:HQ135-17)第一阶段成果

国家民委人文社科重点培育研究基地"贵州少数民族文化传承发展研究中心"研究成果

贵州省重点学科"中国古典文献学"研究成果

贵州省区域内一流建设培育学科"中国语言文学"研究成果

贵州省特色重点学科"中国语言文学"研究成果

作者简介

梁光华（1955—），回族，广西陆川人。二级教授，硕士生导师，贵州省省管专家，贵州省高等教育教学名师，贵州省水家学会名誉会长，黔南州水书抢救翻译研究专家组组长，贵州省区域内一流建设培育学科"中国语言文学"领衔专家，国家语委后期资助项目《国家珍贵古籍名录〈水书·八宫取用卷〉等六种译注》课题负责人。著有《唐写本说文解字木部残卷笺异注评》《水族水书语音语料库系统研究》等著作20余部。

蒙耀远（1975—），水族，贵州都匀人。黔南民族师范学院副研究员，贵州省少数民族语言文字学会副会长，贵州省水家学会副会长。国家语委后期资助项目《国家珍贵古籍名录〈水书·八宫取用卷〉等六种译注》课题组成员。著有《水族民间禁忌解读》《水书阴阳五行卷》《水族地区碑刻文献探微》等书。

罗刚（1976—），布依族，贵州都匀人。计算机应用技术副教授，主要从事软件技术与民族文化数字化研究。参与国家级社科项目《水族水书语音语料库系统研究》，主持校级项目《水书语料的计算机处理研究》、贵州省联合基金项目《基于Lucene的水书数字化研究平台设计与实现》、校级工程中心开发基金项目《水书文字数字化研究》等。

肖锟(1982—)，汉族，贵州毕节人。计算机应用技术副教授，主要从事网络安全技术与民族文化数字化技术研究。

目 录

前言 ·· 1

凡例 ·· 1

一、本卷水书基础知识汇释 ································ 1

导言 ·· 3

六宫掌 ·· 5

贪巨九星 ·· 10

贪巨九星推寻记忆歌 ······································ 15

六宫掌歌诀（一）·· 21

六宫掌歌诀（二）·· 23

六宫择用宜忌 ·· 25

紫白九星 ·· 30

仲忌 ·· 35

八宫掌 ·· 38

母散歌诀 ·· 40

母散掌形推遁 ·· 43

黑散歌诀 ·· 45

黑散掌形推遁 ·· 48

黑散 ·· 50

二十八星宿地支推寻歌诀 ……………………… 53

二、水书正文译注 …………………………………… 57

六宫（一） ……………………………………… 59
六宫（二） ……………………………………… 77
六宫（三） ……………………………………… 82
六宫吉宿 ………………………………………… 93
六宫吉日吉时 …………………………………… 100
六宫月忌 ………………………………………… 103
地支日忌时 ……………………………………… 106
日日守 …………………………………………… 109
八宫忌（一） …………………………………… 112
八宫忌（二） …………………………………… 116
八宫忌（三） …………………………………… 119
八宫忌（四） …………………………………… 122
举银 ……………………………………………… 125
天干忌日 ………………………………………… 127
天干忌时 ………………………………………… 142
六宫（四） ……………………………………… 152
星宿（一） ……………………………………… 160
星宿（二） ……………………………………… 164
星宿（三） ……………………………………… 166
星宿（四） ……………………………………… 168
星宿（五） ……………………………………… 170
七元星宿起例 …………………………………… 172
星宿（六） ……………………………………… 175

星宿（七） ……………………………… 177
星宿（八） ……………………………… 179
四季忌 …………………………………… 183
天干忌时方 ……………………………… 185
五虎方（一） …………………………… 221
五虎方（二） …………………………… 223
星宿（九） ……………………………… 226
七元忌 …………………………………… 228

三、附录 …………………………………… 231
水族水字研究 …………………………… 233
原件影印 ………………………………… 253

后记 ………………………………………… 267

前　　言

在贵州南部、广西北部，世代生活着一个勤劳智慧的民族——水族。水族是我国 56 个民族大家庭中的一员，主要聚居在贵州省南部的三都水族自治县及周边的荔波、独山、都匀、榕江、雷山、丹寨等县市；广西壮族自治区北部的河池地区、云南省的富源县等地也有水族村落分布，属于散居区。水族人口发展至今才 40 余万，但是千百年来，水族人民创造并凝炼出众多文化结晶，其中水书就是他们的文化名片。水族独有的水书格外受到党和国家的珍视。2002 年，48 件文献档案被国家档案局、中央档案馆列为首批《中国档案文献遗产名录》；2006 年水书入选首批国家级非物质文化遗产名录；截止到 2016 年，共有 74 种水书珍本入选《国家珍贵古籍名录》。水书国际编码、水书申报世界记忆遗产名录等工作取得了重要进展，水书正大踏步进入全人类的视野。

一、水书传承困境与现状

随着社会的发展，水族社会传统的生活模式已经被完全打破，水族人民的思想观念和谋生方式都发生了深刻变化，水书原来的传承方式受到了很大程度的冲击，水书赖以生存的土壤也随着社会的变迁而不断削弱。诸如古代水书师赖以为生且代代世袭的学山学田等保障制度早已成为历史，故而从事水书师职业的人，仅靠替人做法事、行占卜的微薄收入已经不足以养家糊口。水族年轻一代已经没人愿意投入大量的时间和精力去学习传承水书，也几乎没有人愿意成为水书师。进入二十一世纪以来，我们亲身参与水书抢救保护工作，十多年间，眼睁睁地看到一位位德高望重的水书师默默地离我们而去，装在水书师大脑中的一座座水书文化宝库逐渐湮灭于人世，徒生爱莫能助之憾。目前水书传承人已经不足百人，且老龄化严重，能读懂能传承水书文化知识的人少之又少，水书已然进入了濒危状态，令人堪忧。

改革开放以来，水书研究是一个新的领域，特别是进入二十一世纪以来，国内外很多专家对水书研究投入了极大的热情，也引起了国家的重视，先后获得立项的国家社科课题有：《象形文字的最后领地——水书解读》（潘朝霖，2004）、《水书抢救保护与开发利用》（唐建荣，2005）、《释读旁落的文明——濒危水族古文字与古汉字的对比研究》（韦宗林，2005）、《水族水书语音语料库系统研究》（梁光华，2007）、《水书版本与内容调查研究》（蒙爱军，2007）、《水族水书传承文化研究》（吴贵飙，2010）、《水书〈正七卷〉各抄本的整理和比较研究》（王炳江，2016）等。又如国内多所高校教授指导学生做水书方面的硕博论文，据不完全统计有十余篇，分别是南开大学 2003 届研究生孙易的硕士论文《水字新论》，华东师范大学 2007 届汉语言文字学专业研究生翟宜疆的博士论文《水文造字机制研究》，2008 年华东师范大学李杉的硕士论文《水文异体字研究》，中山大学 2009 届民族学专业研究生董世兵的硕士论文《水书先生传承研究》，2010 年天津大学廖崇虹的硕士论文《水书文化开发性保护的产业化发展战略研究》，2011年贵州民族学院中国少数民族语言文学专业研究生韦荣平的硕士论文《水书鬼名文字研究》，王炳江的硕士论文《水书启蒙拜师祝词研究——以榕江县水盆村为例》，2012年贵州民族大学牟昆昊的硕士论文《水书天干地支与商周同类字形的比较研究》，2013年电子科技大学王海楠的硕士论文《贵州水书数字化展示系统设计与实现》，云南大学瞿智琳的硕士论文《水书档案存续研究》。2017年，梁光华等成功申报国家语委语言文字科研项目优秀成果后期资助2017年度项目——《国家珍贵古籍名录〈水书·八宫取用卷〉等六种译注》（项目编号HQ135-17），属在研项目。

我们清楚地知道，水书研究既有一批科学严谨、令人耳目一新、有利于水族文化传承发展的研究成果，但也出现了不少曲折。有的研究出于民族感情，对于水书相视甚高甚古，其研究结论缺乏可靠的传世文献和地下出土文物印证；当然也存在不了解水族习俗，读不懂水书而妄议、贬低、矮化水书的研究，可谓各种各样的观点都交织在一起，让人莫衷一是。我们期待更多的专家关注水书、研究水书，我们期待更加科学的更高水准的水书研究成果早日问世，这样会更加有利于濒危水书的抢救、保护，有利于水族文化的传承发展。

二、前期研究基础

我们长期参与水书抢救保护、翻译、校释研究工作，2007年申报的《水族水书语音语料库系统研究》有幸获得国家社科项目立项，历经四年的攻坚克难，顺利通过验收，作为水书研究的国家社科课题被鉴定为良好等次；该成果还荣获了贵州省第十次哲学社会科学优秀成果著作类三等奖。课题评审的5位专家对课题成果给予了充分的肯定，认为本课题的研究"是一项前人未曾涉足的艰巨工程，具有开创性质，这一成果对抢救、保护、传承水族人民的文化瑰宝——水书，以及推动水族地区的文化、教育、经济发展，都具有重要的现实意义；对促进少数民族文字信息技术的发展和少数民族语言文字的教学，也具有重要的参考价值"。还认为"该课题的研究对勤劳智慧的水族人民的文化瑰宝——水书的抢救保护，对水族人民悠久灿烂文化的传承弘扬，具有积极的现实意义和深远的历史意义"。有专家对课题研究成果的突出特色和主要建树归结为五个方面："其一，可以认为这是国内第一项较为全面综合研究水书及其水语语音语料的研究成果；其二，在水书研究领域中第一次对水书语言的文字、词汇、语法、样本篇章进行示例标注，给出了水书语言和解读范例；其三，首次较为完美地创建了水书水字字库；其四，第一家研究出水族水书语音语料库的建库原则和方法，并首创类属码对水族水书文字进行计算机编码，开发了基于类属码的水书文字计算机输入法软件；其五，第一个开发出具有实验性质的计算机水书语料库管理系统软件。"专家们的评价对课题组四年辛勤劳动给予了充分的肯定，提振了我们全面、深入而科学地研究水书的信心。

开展《水族语音语料库系统研究》这一课题的研究，引发了我们对水族水书相关学术文化技术问题的深度思考与探索，取得了一批阶段性成果。这些成果包括：出版了四本专著——《水族水书语音语料库系统研究》《水书婚嫁卷》《水书阴阳五行卷》和《水族民间禁忌解读》；发表学术论文十余篇，其中核心期刊三篇；创新完成软件类成果三项，分别是研制了竹笺体水字字库、水书类属码输入法软件、实验性质的计算机水书语料库管理系统等软件。同时还制作了长达32个小时的水书语音语料影音光碟。课题结项后，我们不忘继续开展后期研究工作，特别是梁光华、蒙耀远撰写的《水族水字研究》一文被中国人民大学复印报刊资料《语言文字学》（2015年第10期）全文转载，学术界同行高度评价为水族水字迄今为止最为科学的研究成果，极大地鼓舞了我们对后期工作的开发研究，继而申报国家语委语言文字科研项目优秀成果后期资助项目《国家珍贵古籍名录〈水书·八宫取用卷〉等六种译注》，并获准立项。此项目2018年8月又被列入国家十三五少数民族出版规划项目。

　　选用远古可靠的水书为研究样本至关重要。水书卷帙浩繁，在政府征集入库的二万多册水书中，我们认为已经入选国家珍贵古籍名录的水书经典卷本当为首选。因为能够进入国家珍贵古籍名录的水书，是经过层层遴选、逐级申报并经过国家古籍保护中心专家严格评定且得到国家文化部认可并颁证的珍贵卷本，是国宝级珍贵民族文献，是进行破译、校释、研究的最佳样本，具有权威性。因此我们选取黔南民族师范学院民族研究院收藏的已经入选国家珍贵古籍名录的六种水书作为第一批研究、校释、译注对象。这六种水书古籍分别是：1.《八宫取用》，编号09808，第三批入选，清光绪二十七年（1901）抄本；2.《壬辰》，编号09809，第三批入选，清光绪二十七年（1901）抄本；3.《子午》，编号09827，第三批入选，清抄本；4.《百事大吉出富贵》，编号09832，第三批入选，清抄本；5.《六十年吉凶日》，编号01485，第四批入选，清光绪二十六年（1900）抄本；6.《陆夺总会》，编号00875，第五批入选，清同治元年（1862）抄本。其中《壬辰》《百事大吉出富贵》属吉书类，《子午》《六十年吉凶日》属分割类，《八宫取用》《陆夺总会》属遁掌类。这六种水书的内容基本涵盖了水族的婚丧嫁娶、营建、农事等民俗活动的内容，是指导水族民俗活动取得圆满结局的择吉蓝本。在水书知识体系中具有代表性，在民俗活动的指导上具有实用性，在版本选择上具有权威性。对第一批六种水书的研究、校释、译注，既能满足水族民间择吉的需要，又是学习传承者、研究者可资学习研究的样本。相信本课题的成果会提高和扩大水书在国内外的影响力，也会为水族水书语音语料库正式建库和为水书申报世界记忆工程名录、申报世界非物质遗产奠定坚实的基础。

三、《八宫取用卷》述略

译注研究入选国家古籍名录的水书是我们进行水书研究的新尝试，既希望树立一个科学规范的译注本，又希望便于专家和读者对这些国家珍贵古籍的研究利用，同时我们认为这也是传承水族文化的一种良好途径。作为丛书的第一本，我们首先选取 2010 年入选第三批国家珍贵古籍名录的水书《八宫取用卷》进行译注研究。

（一）卷本概况

水书卷帙汗牛充栋，但是其中同质化的也不在少数。从书名上看，我们遍查 32 函 160 册的大型水书文献集成《中国水书》，尚未发现与《八宫取用卷》雷同的卷本。国家珍贵古籍名录中的水书《八宫取用卷》古色古香，典雅质朴，成稿于清光绪二十七年（1901），距今也有 118 年，对于民间的纸质手写本来说，是老旧的版本类型。该水书的装帧形式是纸捻装订，开本大小为 29.5×17.5 cm；从封面"八宫取用半吉凶""光绪贰拾柒夏月宪氏摩"等汉字的书写水平看，本书书写者汉文化知识水平不低。再从扉页"再文書記"、"陸再舉記"等字样看，这本水书无疑系多人传承使用的卷本，又从书主名字被涂抹的痕迹看，说明此书自成书于1901年到解放后的动荡年代一直在使用，由此可见它在水书应用中的重要地位。

现有的水书输入法软件不能满足《八宫取用卷》原文的录入，说明该书还有一些字符尚未收入字库。《八宫取用卷》字体古拙，半页行数、每行字数均为不等。从书写的情况看，同一个水字变异书写的情况很普遍，看似错漏的地方也很多，但是这正好反映了水书传承历史上普遍存在的怀宝自秘的思想观念，这是其一；同时这也是老一代传承人考验新传承人的一种方式，促使其博闻强记，有的地方是需要自己揣摩领悟，或在日后的观察与实践运用中去顿悟[①]，这些都是考验新传承人悟性的方式，这是其二。这些看似有意设障为难，实则是古代水书师催人奋进的一种教育手段，通过多方面考验来对传承人入门关的把控。由此，我们不难理解水书师在水族社会的崇高地位。

《八宫取用卷》古朴深奥，言简意赅，内涵丰富。水语称 tɕoŋ^{13} san^{13}，民间通用汉字"仲散"两字记录，其功用是根据亡人享年选择入殓时间、出柩方位和安葬时间。包括两个部分

[①] 水书有一专用词汇叫 si^{31} le^{13}，直译为析书，意思是别的水书师在具体运用的时候违犯了自家藏书的某条某款，便在该处注明某家某时所犯，等日后观察是否灵验，以此来辨别水书条目内容的真伪。

内容，一是 tɕoŋ[13]，又称为六宫掌，依照给定的大金、小金、大火、小火、大水、小水六个宫位，按照贪狼星、巨门星、禄存星、文曲星、廉贞星、武曲星、破军星、左辅星、右弼星所值情况来推遁得出亡人所属何 tɕoŋ[13]；二是 san[13]，又称八宫掌，本书书名《八宫取用》即依此而来，依据亡人享年按艮、震、巽、离、坤、兑、乾、坎八宫推遁得出亡人所属何 san[13]。择吉方式须在得知何为 tɕoŋ[13]、何为 sa:n[13] 的基础前提，再循着水书条目寻找适合于入殓安葬亡人的时日和方位。古时候水族民间认为，如果 tɕoŋ[13] san[13] 这一个环节处理不好，可能会接连死人，甚至祸患扩散到整个家族，这就是《八宫取用卷》在水书知识体系中引起高度重视的原因所在。死亡的威胁令人毛骨悚然，特别是下一个将会死的是谁，人们根本无法预料，所以死亡的威胁给人们以很大的想象空间。在水族社会中，病人只要停止呼吸，水书师就会立即用到《八宫取用卷》这本书。凭借《八宫取用卷》，水族人不仅解决了如何完善处理死者后事的问题，还懂得如何设法防止死亡继续扩散的问题。虽然这是古人对由传染病引起大面积死亡理解不够的一种认知，但是我们也看到了古代水族人在如何预防上下了功夫。显然有些内容无足可取，却能充分说明水族人是在积极地寻找防卫的办法和措施。

（二）译注体例

水书译注研究难度很大。水族文字是一种还不太成熟的民族古文字，严重滞后于水语，不能够满足日常思想交流的需要，因此存在着：能认水字的不能读水书典籍，会读水书典籍的不能科学准确地理解它的意思，能理解意思的还不能够灵活运用。在译注此书的时候，我们重点考虑了读者的阅读困难，毕竟择日学属于另外的一种知识体系，并且很少有人涉猎。俗话说"隔行如隔山"，缺乏一定的知识背景，在译注时哪怕再说得如何详细周密，有的读者还是没办法读懂。鉴于此和本书的特殊性，我们在以往的译注体例基础之上进行创新，在正文译注之前，专门设置了"基础知识汇释"部分，用了四分之一的篇幅向读者讲解何为 tɕoŋ^{13}、何为 san^{13}，详细说明如何推遁得出 tɕoŋ^{13}、san^{13}，还破天荒地把老一代水书师简单的几句口诀和复杂的推遁过程，运用明了易懂的表格来一语道破，使晦涩难懂的水书《八宫取用卷》变成了通俗易懂的水族文化知识读本。这是本书有别于其他水书译注的地方。

（三）脚注译释

水书的表达方式独特，语言句式也与汉文化不一样，加上语言文化的差异性，译注的时候很难兼顾信、达、雅，很多地方费了不少周折才能把意思准确表述出来，而有的地方出于著者的全知视角，在不了解水族习俗和水书的读者那里可能依然语焉不详。因此对一些认为需要出校的字词句段，我们采取脚注的方式加以解释说明，此前《水书婚嫁卷》《水书阴阳五行卷》里有过尝试，在本书中共出 100 多条脚注，力求注解更加详尽与完备。本书译注存在很多困难，我们曾经查阅大量相关文献资料，也拜访了不少水书师，但是有一些问题仍然无法满意解决。对于存在的遗漏、疑难、错落等，我们本着严谨求实的治学态度，通过出校的方式指出，能解释的地方，我们给它作客观准确的注解；对未能确切译注解释的地方，我们不妄作解人，谨守阙疑古训，以待高明。

本书注音以贵州省都匀市归兰水族乡的潘峒语音为准。

我们将中国人民大学报刊复印资料《语言文字学》2015年第10期全文复印转载的前期研究成果《水族水字研究》作为附录，谨供各位同行参考。

进入国家珍贵古籍名录的水书卷本，是在两万余卷的水书中筛而又筛、选而又选，最后通过国家层面的评审论证才能进入，目前也仅有74种珍贵水书获此殊荣，其理论研究价值、社会实用价值与文化传承价值不言而喻。我们深知要完成《国家珍贵古籍名录〈水书·八宫取用卷〉等六种译注》并非易事，但是，有贵州省重点学科中国古典文献学、贵州省区域内一流建设培育学科中国语言文学团队的坚强后盾支持，我们有信心有能力持续研究下去，现在呈现在广大专家和读者面前的这本书，就是我们开展国家语委语言文字科研项目优秀成果后期资助项目研究的第一阶段成果。我们将持续不断地研究下去，持续不断地推出研究成果，出版有价值的水书译注专著，为更进一步完善水字字库、为正式建立水族水书语音语料库奠实基础；同时我们也将更进一步地深入研究水族习俗文化，抢救、保护和研究传承濒危水书，为水书申报世界记忆遗产名录和世界非物质文化遗产奠定坚实基础。

梁光华　蒙耀远
罗　刚　肖　锟
2018年1月写于黔南民族师范学院

凡 例

一、原件全文未注条目名称，本书条目名称均系著者按照水书命名习惯所加。

二、本书使用国际音标记音方法而非水语拼音方案的记音方法，注音以贵州省都匀市归兰水族乡的潘硐语音为准。

三、对于多音节水字，在与其对应的音标下加下划线。如二十八宿，一个图案符号为一个三音节词。

四、二十八宿中有一些辅助读音的水字，为避免误解，将之与星宿加下划线，表示是同一个词语。

五、有多个小节的长条目，为便于检阅，小节意译之后不再加条目意译，只在末尾作条目注释。

六、原文脱落的地方，在相应的音标和直译加括号。原文错误的地方，在正确用字后括注原文有误。

七、对未能解释译注的个别水字，首次遇到出校指出，并标"下同"，后文同字不再作注，且音标、直译为空白。

八、对有多种解释的地方，在脚注中一并列出，末尾注"存疑待考"。对音、义未知不能解释者，注"待考"。

九、有的地方需要综合运用音标、水字、汉字来解释说明，通常在音标和水字后加括号，括号内为水语、水字的直译或意译。

十、有的地方需要指出该字为水字，通常在前面加"水字"二字，如:水字"戌"作方位即为乾方，意思是传统的下字，作地支讲为"戌"，作方位讲为"乾"。

十一、有的条目在句段意译中已经解释清楚，条目末尾不再加注释，或从简。

一

本卷水书基础知识汇释

导　　言

　　慎终追远是中华民族的传统美德，慎重处理父母后事是传统孝道之一，自古以来"事死如事生，事亡如事存"的孝道观念一直在影响着一代又一代的人们，水族厚葬习俗也是这一观念下的产物。他们还笃信"亡人既能赐福也会兴祸"，他们认为只有让死去的人满意，活着的人才能得到安宁，故而在亲人自咽气到入土安葬的过程中，形成了一种民族特色鲜明的丧葬文化，表达着他们对死亡的认知与理解。《八宫取用卷》正是在这样的文化环境下产生的一部水书古籍。

　　《八宫取用卷》水语称 tɕoŋ^{13} san^{13}，民间有的采用汉字"仲散"二字识记。这本书包括两个部分内容：一是 tɕoŋ^{13}（仲），二是 san^{13}（散）。它的功用是根据亡人享年情况选择入殓时间、出柩方位和安葬时间，若无特别注明，译文中的吉凶、宜忌均与入殓、出柩、安葬有关。tɕoŋ^{13} 又称为 ljok^{32} tɕoŋ^{13} la:u^{53}，直译为六大宫，汉译为六宫掌。六宫即 tai^{55}fa^{33}（大火）、xeu^{33}fa^{33}（小火）、tai^{55}tɕum^{13}（大金）、xeu^{33}tɕum^{13}（小金）、tai^{55}sui^{33}（大水）、xeu^{33} sui^{33}（小水）等六个宫位。六宫掌与贪巨九星的关系有一首歌诀，即"tai^{55} fa^{33} phuə^{35} tsən^{13}（大火破军）、xeu^{33} fa^{33} tɕu^{31} mən^{31}（小火巨门）、tai^{55} tɕum^{13} xu^{53} ɬhok^{32}（大金武曲）、xeu^{33} tɕum^{13} ljok^{32}

xən³¹（小金禄存）、tai⁵⁵ sui³³ tha:m³³ la:ŋ⁵⁵（大水贪狼）、xeu³³ sui³³ ljem³¹ khiŋ³⁵（小水廉贞）",这首基础歌诀贯穿全书始终。san¹³,又称 pet³⁵ tɕoŋ¹³ ti³³,直译为八小宫,汉译为八宫掌,书名"八宫取用"即依此而来。八宫即 qan³⁵ qok³² mok³²（艮）、tsən³⁵ khum¹³ jan¹³（震）、hən³⁵ thu³³pa:ŋ¹³（巽）、li³¹ ja⁵³ mu⁵³（离）、fan¹³ sjeŋ⁵⁵ xu³³（坤）、toi⁵⁵ ha:u³³ na:n⁵³（兑）、tɕen³¹ tok³⁵ ma⁵³（乾）、qha:m³³ tok³⁵ la:u³¹（坎）。此八宫又叫 qan³⁵ san¹³（丑）、tsən³⁵ san¹³（卯）、hən³⁵ san¹³（辰）、li³¹ san¹³（午）、fan¹³ san¹³（未）、toi⁵⁵ san¹³（酉）、tɕen³¹ san¹³（戌）、qha:m³³ san¹³（子）。水书中的八宫与汉文献八卦相同,水书是用水字戌、子、丑、卯、辰、午、未、酉与八卦的乾、坎、艮、震、巽、离、坤、兑相对应。

tɕoŋ¹³（仲）san¹³（散）是水族治丧最为关键的第一步,掌握 tɕoŋ¹³（仲）san¹³（散）知识也是一位水书师最为基础的课目,因此我们阅读本书正文的前提条件是必须先了解什么是 tɕoŋ¹³（仲）、什么是 san¹³（散）,知道它在手掌上如何推递,又有哪些歌诀,歌诀讲义又是如何与正文条目系联,而这些基础知识点对于水书师来说,都能熟读成诵,一般在正文里都不再提及。为了帮助大家掌握正文里所没有的基础知识,专门增加了本卷水书基础知识汇释部分,解决本书基础知识与正文内容相衔接的问题,便于大家能够更好地对本书进行阅读和使用。

六 宫 掌

ljok⁴² tɕoŋ¹³

一、六宫名称

水字：兀 氺　乚 氺　兀 夆　乚 夆
　　　兀 沝　乚 沝

音标：tai⁵⁵ fa³³ xeu³³ fa³³ tai⁵⁵ tɕum¹³ xeu³³ tɕum¹³
　　　tai⁵⁵ sui³³ xeu³³ sui³³

直译：大　火　小　火　大　金　小　金
　　　大　水　小　水

意译：大火宫、小火宫、大金宫、小金宫、大水宫、小水宫。
　　　这六宫是水书特有词汇，是本书的基础知识。

二、六宫掌推遁

六宫在掌上（左掌）分布排列如下：

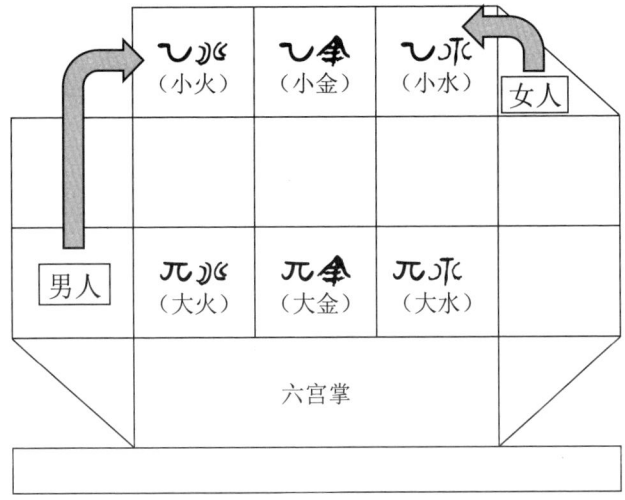

注释：

六宫掌，又称三星六宫掌，水语称 tɕoŋ¹³，水语 tɕoŋ¹³ 与汉字"宫"对应。本宫掌主要应用于以下民俗：

第一，丧葬。依据亡命去世时所得岁数，本书所指岁数为虚岁，主要运用于选择入殓时辰和葬日。推遁方法分男女两种，男顺女逆。男人是从大火宫向小火宫逆行；女性是小水宫向小金宫顺行。每十年进一位，不足十年每一年进一位。例如，某男享年73岁，大火十岁、小火二十岁、小金三十岁、小水四十、大水五十岁、大金六十岁、大火七十岁，小火七十一岁、小金七十二岁、小水七十三岁，小水即是他的本命宫。如某女86岁，小水十岁、小金二十岁、小火三十岁、大火四十岁、大金五十岁、大水六十岁、小水七十岁、小金八十岁、小火八十一岁、大火八十二岁、大金八十三岁、大水八十四岁、小水八十五岁、小金八十六岁，小金即是她的本命宫。

根据推导方法得出下列两个表格，依享年横推直看即可一目了然地知道所属何宫。

附表：

1. 男性享年与六掌官对照表

六宫	大火	小火	小金	小水	大水	大金
年龄	10	11	12	13	14	15
	16	17	18	19	23	24
	25	20	21	22	29	33
	34	26	27	28	32	39

（续表）

六宫	大火	小火	小金	小水	大水	大金
年龄	43	35	30	31	38	42
	49	44	36	37	41	48
	52	53	45	40	47	51
	58	59	54	46	50	57
	61	62	63	55	56	60
	67	68	69	64	65	66
	70	71	72	73	74	75
	76	77	78	79	83	84
	85	80	81	82	89	93
	94	86	87	88	92	99
		95	90	91	98	102
			96	97	101	
				100		

2. 女性享年与六掌官对照表

六宫	小水	小金	小火	大火	大金	大水
年龄	10	11	12	13	14	15
	16	17	18	19	23	24
	25	20	21	22	29	33
	34	26	27	28	32	39
	43	35	30	31	38	42
	49	44	36	37	41	48
	52	53	45	40	47	51

（续表）

六宫	小水	小金	小火	大火	大金	大水
年龄	58	59	54	46	50	57
	61	62	63	55	56	60
	67	68	69	64	65	66
	70	71	72	73	74	75
	76	77	78	79	83	84
	85	80	81	82	89	93
	94	86	87	88	92	99
		95	90	91	98	102
			96	97	101	
				100		

吊唁放旗伞亦依此。为确保吊唁队伍安全，在队伍出发前，通常由水书师选择一本命宫年为大火的人先行在吉时朝吉方插第一竿旗帜和摆放一坛酒，再依次排列花伞顺序。方法如上所述男性，即年龄为16、25、34、43、49、52、61岁的男性均可。

第二，营建。按主人岁数起一十，从大火宫顺行，方法按如上男性推导，遇小火、大金、小金、小水四宫为吉，适此四本命宫年宜建造住房。对此水语说：tai^{55}tɕum^{13} nda:i^{13}la^{13} lok^{55}，xu^{53} ṭhok^{32} nda:i^{13} la^{13} ɣa:n^{2}。意译为遇大金宫宜建仓，武曲星值年宜建房，故遇大金宫为大吉；遇大火、大水两宫为凶，忌用。

第三，扑碗。扑碗是水族举行抵挡方面仪式的预备环节，先由水书师选择一个恰当的人于良辰朝吉方先行扑碗于祭桌上，然后才举行仪式。例如，旨在驱除凶神恶煞的撑门仪式，要选择本命宫为大火的人扑碗才吉利。而举行扫除火星的扫寨仪式，要选择本命宫为大水或小水的人扑碗为吉。

贪巨九星
tha:m³³ ʈu³¹

一、贪巨九星

水字：𠙶　𢆥　㳟　𢖅　𠀾　𠃊　𧘇①　𤴓　◉

音标：tha:m³³　ʈu³¹　ljok³²　fan³¹　ljem³¹　xu⁵³　phuə³⁵　pu³¹　pjet³²

直译：贪　　巨　　禄　　文　　廉　　武　　破　　辅　　弼

意译：贪狼星、巨门星、禄存星、文曲星、武曲星、破军星、左辅星、右弼星。

注释：

　　贪巨九星的水字在水书中有单音节词和双音节词两读，单音词读 tha:m³³、ʈu³¹、ljok³²、fan³¹、ljem³¹、xu⁵³、phuə³⁵、pu³¹、pjet³²，与汉字贪、巨、禄、文、廉、武、破、辅、弼相对应；双音节词读 tha:m³³ la:ŋ⁵⁵、ʈu³¹ mən³¹、ljok³² xən³¹、ljem³¹ khiŋ³⁵、xu⁵³ ʈhok³²、phuə³⁵ tsəŋ¹³，与贪狼、巨门、禄存、廉贞、武曲、破军相对应，未见文、辅、弼读双音节的情况。

二、年上起贪巨九星日

水字：𠄞　𠃋　⺌　𢆉　𠔼　𠄞　〇　𠙶

音标：xi³³　ŋo³¹　meu⁵³　ju⁵³　mbe¹³　xi³³　wan¹³　tha:m³³

直译：子　　午　　卯　　酉　　年　　子　　日　　贪

意译：子年、午年、卯年、酉年的子日是贪狼星，依地支推

---

① 𧘇，水书"破""破军星"的常用字，𠀾为它的异体字，本书正文使用𠀾。

导，周而复始。即丑日是巨门星，寅日是禄存星，卯日是文曲星，辰日是廉贞星，巳日是武曲星，午日是破军星，未日是左辅星，申日是右弼星。下同。

水字：𝔛 𝔛 𝔛 𝔛 𝔛 𝔛 𝔛 𝔛
音标：su^{33}　mi^{55}　sən^{31}　xət^{55}　mbe^{13}　xi^{33}　wan^{13}　fan^{31}
直译：丑　　未　　辰　　戌　　年　　子　　日　　文
意译：丑年、未年、辰年、戌年的子日是文曲星。

水字：𝔛 𝔛 𝔛 𝔛 𝔛 𝔛 𝔛 𝔛
音标：jan^{32}　sən^{13}　xi^{53}　ya:i^{33}　mbe^{13}　xi^{33}　wan^{13}　phuə^{35}
直译：寅　　申　　巳　　亥　　年　　子　　日　　破
意译：寅年、申年、巳年、亥年的子日是破军星。

条目意译：

　　子年、午年、卯年、酉年的子日从贪狼星推寻。
　　丑年、未年、辰年、戌年的子日从文曲星推寻。
　　寅年、申年、巳年、亥年的子日从破军星推寻。

附：年上起贪巨九星日一览表

四合年	贪狼	巨门	禄存	文曲	廉贞	武曲	破军	左辅	右弼
子午卯酉	子日酉日	丑日戌日	寅日亥日	卯日	辰日	巳日	午日	未日	申日
丑未辰戌	午日	未日	申日	子日酉日	丑日戌日	寅日亥日	卯日	辰日	巳日
寅申巳亥	卯日	辰日	巳日	午日	未日	申日	子日酉日	丑日戌日	寅日亥日

三、月上起贪巨九星日

水字：𖤀 𖤁 𖤂 𖤃 𖤄① 𖤅 𖤆 𖤇 𖤈
音标：tɕjeŋ¹³ xi³⁵ xat⁵⁵ sop³² sjeŋ⁵⁵ tɕa:p³⁵ xi³³ wan¹³ tha:m³³
直译：正　四　七　十　显　甲　子　日　贪
意译：正月、四月、七月、十月，甲子日是贪狼星。

水字：𖤉 𖤊 𖤋 𖤌 𖤍 𖤎 𖤏 𖤐 𖤑
音标：ȵi⁵⁵ ŋo⁵³ pet³⁵ sop³² jat⁵⁵ tɕa:p³⁵ xi³³ wan¹³ fan³¹
直译：二　五　八　十　一　甲　子　日　文
意译：二月、五月、八月、十一月，甲子日是文曲星。

水字：𖤒 𖤓 𖤔 𖤕 𖤖 𖤗 𖤘 𖤙 𖤚
音标：ha:m¹³ ljok³² tɕu³³ sop³² ȵi⁵⁵ tɕa:p³⁵ xi³³ wan¹³ phuə³⁵
直译：三　六　九　十　二　甲　子　日　破
意译：三月、六月、九月、十二月，甲子日是破军星。

条目意译：

　　正月、四月、七月、十月的甲子日从贪狼星推寻。
　　二月、五月、八月、十一月的甲子日从文曲星推寻。
　　三月、六月、九月、十二月的甲子日从破军星推寻。

---

① 水书"𖤀𖤁𖤂𖤃𖤄"一句中的𖤄字，为了与后两句的字数相等而加的一个配音，水语读 sjeŋ⁵⁵，没有实在意义，用汉字近似谐音"显"作直译，勿以意译论，特此说明。本书下同。

注释：

方法如年上起贪巨九星日。

附：月上起贪巨九星日一览表

月份	贪狼	巨门	禄存	文曲	廉贞	武曲	破军	左辅	右弼
正四七十	子日	丑日	寅日	卯日	辰日	巳日	午日	未日	申日
	酉日	戌日	亥日						
二五八冬	午日	未日	申日	子日	丑日	寅日	卯日	辰日	巳日
				酉日	戌日	亥日			
三六九腊	卯日	辰日	巳日	午日	未日	申日	子日	丑日	寅日
							酉日	戌日	亥日

四、日上起贪巨九星时

水字：𘜶 𘜷 𘜸 𘜹 𘜺 𘜶 𘜻 𘜼

音标：xi^{33} $ŋo^{31}$ meu^{53} ju^{53} wan^{13} xi^{33} si^{31} fan^{31}

直译：子　午　卯　酉　日　子　时　文

意译：子日、午日、卯日、酉日的子时是文曲星。

水字：𘜶 𘜷 𘜸 𘜹 𘜺 𘜶 𘜻 𘜼

音标：su^{33} mi^{55} $sən^{31}$ $xət^{55}$ wan^{13} xi^{33} si^{31} $phuə^{35}$

直译：丑　未　辰　戌　日　子　时　破

意译：丑日、未日、辰日、戌日的子时是破军星。

水字：𘜶 𘜷 𘜸 𘜹 𘜺 𘜶 𘜻 𘜼

音标：jan^{32} $sən^{13}$ xi^{53} $ɣa{:}i^{33}$ wan^{13} xi^{33} si^{31} $tha{:}m^{33}$

直译：寅　申　巳　亥　日　子　时　贪

意译：寅日、申日、巳日、亥日的子时是贪狼星。

条目意译：

子日、午日、卯日、酉日的子时从文曲星推寻。

丑日、未日、辰日、戌日的子时从破军星推寻。

寅日、申日、巳日、亥日的子时从贪狼星推寻。

注释：

方法如年上起贪巨九星日。

附：日上起贪巨九星时一览表

四合日	贪狼	巨门	禄存	文曲	廉贞	武曲	破军	左辅	右弼
子午卯酉	午时	未时	申时	子时酉时	丑时戌时	寅时亥时	卯时	辰时	巳时
丑未辰戌	卯时	辰时	巳时	午时	未时	申时	子时酉时	丑时戌时	寅时亥时
寅申巳亥	子时酉时	丑时戌时	寅时亥时	卯时	辰时	巳时	午时	未时	申时

贪巨九星推寻记忆歌
ku³³ njen³¹ tɕan³¹ tha:m¹³ tɕu³¹

水字：丠　四　寸　十　下
音标：tsjeŋ¹³　xi³⁵　xjat⁵⁵　sop³²　sjeŋ⁵⁵
直译：正　四　七　十　显
意译：正月、四月、七月、十月。

水字：甲　三　卅　𠃊　玊　ヨ　ヨ　甲　下
音标：tɕa:p³⁵　xi³³　tha:m¹³　jat⁵⁵　su³³　tɕu³¹　tɕu³¹　tɕa:p³⁵　xət⁵⁵
直译：甲　子　贪　乙　丑　巨　巨　甲　戌
意译：甲子日是贪狼星，乙丑日是巨门星，甲戌日也是巨门星。

水字：甲　下　ヨ　𠃊　亍　※　※　甲　申
音标：tɕa:p³⁵　xət⁵⁵　tɕu³¹　jat⁵⁵　ɣa:i³³　ljok³²　ljok³²　tɕa:p³⁵　sən¹³
直译：甲　戌　巨　乙　亥　禄　禄　甲　申
意译：甲戌日是巨门星，乙亥日是禄存星，甲申日也是禄存星。

水字：甲　申　※　𠃊　酉　攵　攵　甲　午
音标：tɕa:p³⁵　sən¹³　ljok³²　jat⁵⁵　ju⁵³　fan³¹　fan³¹　tɕa:p³⁵　ŋo³¹
直译：甲　申　禄　乙　酉　文　文　甲　午
意译：甲申日是禄存星，乙酉日是文曲星，甲午日也是文曲星。

水字：甲　午　攵　𠃊　禾　亽　亽　甲　辰
音标：tɕa:p³⁵　ŋo³¹　fan³¹　jat⁵⁵　mi⁵⁵　ljem³¹　ljem³¹　tɕa:p³⁵　sən³¹
直译：甲　午　文　乙　未　廉　廉　甲　辰

意译：甲午日是文曲星，乙未日是廉贞星，甲辰日也是廉贞星。

水字：甲 辰 廉 乙 巳 武 武 甲 寅
音标：tɕa:p³⁵ sən³¹ ljem³¹ jat⁵⁵ xi⁵³ xu⁵³ xu⁵³ tɕa:p³⁵ jan³¹
直译：甲 辰 廉 乙 巳 武 武 甲 寅
意译：甲辰日是廉贞星，乙巳日是武曲星，甲寅日也是武曲星。

水字：甲 寅 武 乙 卯 破 破 甲 子
音标：tɕa:p³⁵ jan³¹ xu⁵³ jat⁵⁵ meu⁵³ phuə³⁵ phuə³⁵ tɕa:p³⁵ xi³³
直译：甲 寅 武 乙 卯 破 破 甲 子
意译：甲寅日是武曲星，乙卯日是破军星，甲子日也是破军星。

水字：二 五 八 十 一
音标：ȵi⁵⁵ ŋo⁵³ pet³⁵ sop³² jat⁵⁵
直译：二 五 八 十 一
意译：二月、五月、八月、十一月。

水字：甲 子 破 乙 丑 辅 辅 甲 戌
音标：tɕa:p³⁵ xi³³ phuə³⁵ jat⁵⁵ su³³ pu³¹ pu³¹ tɕa:p³⁵ xət⁵⁵
直译：甲 子 破 乙 丑 辅 辅 甲 戌
意译：甲子日是破军星，乙丑日是左辅星，甲戌日也是左辅星。

水字：甲 戌 辅 乙 亥 弼 弼 甲 申
音标：tɕa:p³⁵ xət⁵⁵ pu³¹ jat⁵⁵ ɣa:i³³ pjet³² pjet³² tɕa:p³⁵ sən¹³
直译：甲 戌 辅 乙 亥 弼 弼 甲 申
意译：甲戌日是左辅星，乙亥日是右弼星，甲申日也是右弼星。

一、本卷水书基础知识汇释　17

水字：𘠦　𘡀　𘡁　𘡂　𘡃　𘡄　𘡅　𘠦　𘡆
音标：tɕa:p³⁵　sən¹³　pjet³²　jat⁵⁵　ju⁵³　tha:m¹³　tha:m¹³　tɕa:p³⁵　ŋo³¹
直译：甲　申　弼　乙　酉　贪　贪　甲　午
意译：甲申日是右弼星，乙酉日是贪狼星，甲午日也是贪狼星。

水字：𘠦　𘡆　𘡄　𘡂　𘡇　𘡈　𘡈　𘠦　𘡉
音标：tɕa:p³⁵　ŋo³¹　tha:m¹³　jat⁵⁵　mi⁵⁵　tɕu³¹　tɕu³¹　tɕa:p³⁵　sən³¹
直译：甲　午　贪　乙　未　巨　巨　甲　辰
意译：甲午日是贪狼星，乙未日是巨门星，甲辰日也是巨门星。

水字：𘠦　𘡉　𘡈　𘡂　𘡊　𘡋　𘡋　𘠦　𘡌
音标：tɕa:p³⁵　sən³¹　tɕu³¹　jat⁵⁵　xi⁵³　ljok⁴²　ljok⁴²　tɕa:p³⁵　jan³¹
直译：甲　辰　巨　乙　巳　禄　禄　甲　寅
意译：甲辰日是巨门星，乙巳日是禄存星，甲寅日也是禄存星。

水字：𘠦　𘡌　𘡋　𘡂　𘡍　𘡎　𘡎　𘠦　𘡏
音标：tɕa:p³⁵　jan³¹　ljok⁴²　jat⁵⁵　meu⁵³　fan³¹　fan³¹　tɕa:p³⁵　xi³³
直译：甲　寅　禄　乙　卯　文　文　甲　子
意译：甲寅日是禄存星，乙卯日是文曲星，甲子日也是文曲星。

水字：三　六　九　十　二
音标：xa:m¹³　ljok⁴²　tɕu³³　sop³²　ɲi⁵⁵
直译：三　六　九　十　二
意译：三月、六月、九月、十二月。

水字：𘠦　𘡏　𘡎　𘡂　𘡐　𘡑　𘡑　𘠦　𘡒

八宫取用卷译注

音标：tɕa:p³⁵ xi³³ fan³¹ jat⁵⁵ su³³ ljem³¹ ljem³¹ tɕa:p³⁵ xət⁵⁵
直译：甲　子　文　乙　丑　廉　廉　甲　戌
意译：甲子日是文曲星，乙丑日是廉贞星，甲戌日也是廉贞星。

水字：
音标：tɕa:p³⁵ xət⁵⁵ ljem³¹ jat⁵⁵ ɣa:i³³ xu⁵³ xu⁵³ tɕa:p³⁵ sən¹³
直译：甲　戌　廉　乙　亥　武　武　甲　申
意译：甲戌日是廉贞星，乙亥日是武曲星，甲申日也是武曲星。

水字：
音标：tɕa:p³⁵ sən¹³ xu⁵³ jat⁵⁵ ju⁵³ phuə³⁵ phuə³⁵ tɕa:p³⁵ ŋo³¹
直译：甲　申　武　乙　酉　破　破　甲　午
意译：甲申日是武曲星，乙酉日是破军星，甲午也是破军星。

水字：
音标：tɕa:p³⁵ ŋo³¹ phuə³⁵ jat⁵⁵ mi⁵⁵ pu³¹ pu³¹ tɕa:p³⁵ sən³¹
直译：甲　午　破　乙　未　辅　辅　甲　辰
意译：甲午日是破军星，乙未日是左辅星，甲辰日也是左辅星。

水字：
音标：tɕa:p³⁵ sən³¹ pu³¹ jat⁵⁵ xi⁵³ pjet³² pjet³² tɕa:p³⁵ jan³¹
直译：甲　辰　辅　乙　巳　弼　弼　甲　寅
意译：甲辰日是左辅星，乙巳日是右弼星，甲寅日也是右弼星。

水字：

音标：tɕa:p³⁵　jan³¹　pjet³²　jat⁵⁵　meu⁵³　tha:m¹³　tha:m¹³　tɕa:p³⁵
xi³³　tɕa:p³⁵　xi³³　tha:m¹³

直译：甲　寅　弼　乙　卯　贪　贪　甲
子　甲　子　贪

意译：甲寅日是右弼星，乙卯日是贪狼星，甲子日也是贪狼星，甲子日是贪狼星又从头开始了。

条目意译：

正月四月七月十月，甲子贪，乙丑巨，巨甲戌，甲戌巨，乙亥禄，禄甲申，甲申禄，乙酉文，文甲午，甲午文，乙未廉，廉甲辰，甲辰廉，乙巳武，武甲寅，甲寅武，乙卯破，破甲子。

二月五月八月十一月，甲子破，乙丑辅，辅甲戌，甲戌辅，乙亥弼，弼甲申，甲申弼，乙酉贪，贪甲午，甲午贪，乙未巨，巨甲辰，甲辰巨，乙巳禄，禄甲寅，甲寅禄，乙卯文，文甲子。

三月六月九月十二月，甲子文，乙丑廉，廉甲戌，甲戌廉，乙亥武，武甲申，甲申武，乙酉破，破甲午，甲午破，乙未辅，辅甲辰，甲辰辅，乙巳弼，弼甲寅，甲寅弼，乙卯贪，贪甲子，甲子贪。

注释：

本条目原无文字，属纯口头记忆，为便于对照，水字为著者所加。

本歌诀是月上寻贪巨九星日，熟读成诵就能很快找到某月某日是什么星所值。记忆技巧是十天干与九星的借位对应关系，因为天干有十位而九星才有九位，所以第一甲后一位的乙所对应的星名恰好与后一甲的甲的星名相一致。按六十甲子计，第一甲为甲子，其后一位是乙丑，乙丑所对应的星名恰好与后一甲的甲戌星名一致。例如甲子为贪狼星，乙丑是巨门星，乙丑的巨门星与后一甲的甲戌所对应的星一致，那么甲戌是巨门星。知道甲戌为巨门星，其后一位的乙亥为禄存星，又由乙亥为禄存星得知后一个甲的甲申也是禄存星。余仿此，前提是背熟六十甲子的先后顺序。

本条目诵读时三字一顿，如第一句读 � (tɕa:p^{35} xi^{33} tha:m^{13})，ⴏⴕⴖ（jat^{55} su^{33} tɕu^{31}），ⴖⴅⴗ（tɕu^{31} tɕa:p^{35} xət^{55}）。

六宫掌歌诀（一）
ljok^{42} tɕoŋ^{13} phje^{13} pa:k^{35}

水字： 兀　　氺　　　㧟

音标： tai^{55}　　fa^{33}　　phuə^{35}　tsəŋ^{13}

直译： 大　　火　　破　　军

意译： 本命属大火宫，依破军星的择吉定义。

水字： ∪　　氺　　彐　　非

音标： xeu^{33}　　fa^{33}　　tɕu^{31}　　mən^{31}

直译： 小　　火　　巨　　门

意译： 本命属小火宫，依巨门星的择吉定义。

水字： 兀　　傘　　　䛇

音标： tai^{55}　　tɕum^{13}　　xu^{53}　thok^{32}

直译： 大　　金　　武　　曲

意译： 本命属大金宫，依武曲星的择吉定义。

水字： ∪　　傘　　　粎

音标： xeu^{33}　　tɕum^{13}　　ljok^{32}　xən^{31}

直译： 小　　金　　禄　　存

意译： 本命属小金宫，依禄存星的择吉定义。

水字： 兀　　氺　　　井

音标： tai^{55}　　sui^{33}　　tha:m^{33}　la:ŋ^{55}

直译： 大　　水　　贪　　狼

意译：本命属大水宫，依贪狼星的择吉定义。

水字： ꒐　　ꑓ　　　ꒉ

音标：xeu^{33}　sui^{33}　ljem^{31}　khiŋ^{35}

直译：小　　水　　廉　　贞

意译：本命属小水宫，依廉贞星的择吉定义。

条目意译：

本命属大火宫，依破军星的择吉定义。

本命属小火宫，依巨门星的择吉定义。

本命属大金宫，依武曲星的择吉定义。

本命属小金宫，依禄存星的择吉定义。

本命属大水宫，依贪狼星的择吉定义。

本命属小水宫，依廉贞星的择吉定义。

注释：

按男女依六宫掌推遁看本命属何宫，由其贪巨九星值年星决定，再按下文《六宫掌歌诀》（二）选择定义进行择吉。

六宫掌歌诀（二）
ljok⁴² tɕoŋ¹³ ka³³ si³¹

水字： 丼　　ヨ　　ㄢ①　　ᴧᴧ　　ㆆ
音标：phuə³⁵　tu³¹　ka³³　meu⁵³　xi³³
直译：破　　巨　　等　　卯　　子
意译：本命为大火宫的破军星和本命为小火宫的巨门星，卯时、子时入殓吉。

水字： ᴙ　　※　　ㄢ　　吕　　下
音标：xu³⁵　ljok³²　ka³³　ju³⁵　xət⁵⁵
直译：武　　禄　　等　　酉　　戌
意译：本命为大金宫的武曲星和本命为小金宫的禄存星，酉时、戌时入殓吉。

水字： 井　　ᐊ　　ㄢ　　禾　　申
音标：tha:m³³　ljem³¹　ka³³　mi⁵⁵　sən¹³
直译：贪　　廉　　等　　未　　申
意译：本命为大水宫的贪狼星和本命为小水宫的廉贞星，未时、申时入殓吉。

条目意译：

　　本命为大火宫的破军星和本命为小火宫的巨门星，卯时、子时入殓吉。

---

① ㄢ，水字"等"的常用字。本书原件第一页第八列第九字ϒ，也作"等"字解，可视为异体字。

本命为大金宫的武曲星和本命为小金宫的禄存星，酉时、戌时入殓吉。

本命为大水宫的贪狼星和本命为小水宫的廉贞星，未时、申时入殓吉。

注释：

本条目应用于入殓时辰的选择。

六宫择用宜忌
ljok⁴² tɕoŋ¹³ tɕat⁵⁵ ɕoŋ¹³

水字： 丼　 ⴺ　 古　 ⴷ　 玊
音标：phuə³⁵　tɕu³¹　ka³³　meu⁵³　xi³³
直译： 破　 巨　 等　 卯　 子
意译：本命为大火宫的破军星和本命为小火宫的巨门星，卯时、子时入殓吉。

水字： ⴷ　 玊　 歹　 兀　 丂
音标：meu⁵³　xi³³　si³¹　tai⁵⁵　tɕat⁵⁵
直译： 卯　 子　 时　 大　 吉
意译：卯时、子时为大吉时。

水字： 亚　 先　 歹　 兀　 乂
音标：su³³　jan³¹　si³¹　tai⁵⁵　ɕoŋ¹³
直译： 丑　 寅　 时　 大　 凶
意译：丑时、寅时为大凶时。

水字： 朿①　 　 丼　 𠂇　 禾
音标：pjai³¹　n̠au⁵⁵　loŋ³⁵　ŋo³¹　mi⁵⁵
直译： 白　 在　 中间　 午　 未
意译：午时与未时之间最凶，会死人不断。

---

① 朿，水字的"木"字，水书条目"白木"，通常以此字记录，在此借其pjai³¹音，pjai³¹为水书专用名词，指因安葬时择吉有误而导致的死人不断。以汉字近似谐音"白"作直译，勿以意译论。本条目下同。

水字： ☼ ☰ ⌇① ＃② 辛 丢 平

音标：pu³¹ ha:m¹³ nam³³ ȵau⁵⁵ loŋ³⁵ ɣa:i³³ xi³³ tɕat⁵⁵

直译：辅 三 水 在 中间 亥 子 吉

意译：亥时、子时与亡命五行相生，吉。

水字： 乐 ※ 士 召 下

音标：xu⁵³ ljok³² ka³³ ju⁵³ xət⁵⁵

直译：武 禄 等 酉 戌

意译：本命为大金宫的武曲星和本命为小金宫的禄存星，酉时、戌时入殓吉。

水字： 召 辛 歹 兀 平

音标：ju⁵³ xət⁵⁵ si³¹ tai⁵⁵ tɕat⁵⁵

直译：酉 戌 时 大 吉

意译：酉时、戌时为大吉时。

水字： 辛 丢 歹 兀 又

音标：ɣa:i³³ xi³³ si³¹ tai⁵⁵ ɕoŋ¹³

直译：亥 子 时 大 凶

意译：亥时、子时为大凶时。

水字： 丑 先 歹 兀 又

---

① ☼☰⌇，水语 pu³¹ ha:m¹³ nam³³，水书特有名词，表示"五行相生，吉利"。如庄稼遇到风调雨顺，抽穗好，颗粒饱满。☼（辅）在此只用水语 pu³¹ 的记音符号，没有实在意义。本条目下同。

② ＃，水语 loŋ⁵⁵，通常指两个时辰的中间，即上一个时辰的末尾和下一个时辰的开始。字形与贪（＃）相似，勿作贪字解。本条目下同。

音标：su³³　jan³¹　si³¹　tai⁵⁵　ɕoŋ¹³
直译：丑　　寅　　时　　大　　凶
意译：丑时、寅时为大凶时。

水字：𡴎　　井　　下　　亇
音标：pjai³¹　ȵau⁵⁵　loŋ³⁵　xət⁵⁵　ɣa:i³³
直译：白　　　在　　间隙　戌　　亥
意译：戌时与亥时之间最凶，会死人不断。

水字：𡴎　三　川　井　小　禾　平
音标：pu³¹　ha:m¹³　nam³³　ȵau⁵⁵　loŋ³⁵　meu⁵³　sən³¹　tɕat⁵⁵
直译：辅　　三　　水　　在　　中间　卯　　辰　　吉
意译：卯时、辰时与亡命五行相生，吉。

水字：井　父　古　禾　申
音标：tha:m³³　ljem³¹　ka³³　mi⁵⁵　sən¹³
直译：贪　　　廉　　等　　未　　申
意译：本命为大水宫的贪狼星和本命为小水宫的廉贞星，未时、申时入殓吉。

水字：禾　申　彡　兀　平
音标：mi⁵⁵　sən¹¹　si³¹　tai⁵⁵　tɕat⁵⁵
直译：未　　申　　时　　大　　吉
意译：未时、申时为大吉时。

水字：𡴎　下　彡　兀　𠬤

音标：ju⁵³　xət⁵⁵　si³¹　tai⁵⁵　ɕoŋ¹³
直译：酉　　戌　　时　　大　　凶
意译：酉时、戌时为大凶时。

水字：🈚︎　　井　　🈚︎　　🈚︎　　🈚︎
音标：pjai²　ȵau⁵⁵　loŋ³⁵　su³³　jan³¹　ɕoŋ¹³
直译：白　　在　　中间　　丑　　寅　　凶
意译：丑时与寅时之间最凶，会死人不断。

水字：🈚︎　三　🈚︎　　🈚︎　井　禾　申　🈚︎
音标：pu³¹　ha:m¹³　nam³³　ȵau⁵⁵　loŋ³⁵　mi⁵⁵　sən¹³　tɕat⁵⁵
直译：辅　三　水　在　中间　未　申　吉
意译：未时、申时与亡命五行相生，吉。

条目意译：

　　本命为大火宫的破军星和本命为小火宫的巨门星，卯时、子时入殓吉。卯时、子时为大吉时；丑时、寅时为大凶时；午时与未时之间最凶，会死人不断；亥时、子时与亡命五行相生，吉。

　　本命为大金宫的武曲星和本命为小金宫的禄存星，酉时、戌时入殓吉。酉时、戌时为大吉时；亥时、子时为大凶时；丑时、寅时为大凶时；戌时与亥时之间最凶，会死人不断；卯时、辰时与亡命五行相生，吉。

　　本命为大水宫的贪狼星和本命为小水宫的廉贞星，未时、申时入殓吉。未时、申时为大吉时；酉时、戌时为大凶时；丑时与寅时之间最凶，会死人不断；未时、申时与亡命五行相生，吉。

注释：

　　本条目为入殓时辰择吉之用，对选择葬日有导向作用，葬日与此导向相符，水语称um^{33} tɕoŋ^{13}，意思是抱作一团，互相作用，利于福禄萌发。

紫白九星
xi³³ pjek³⁵

一、紫白九星

水字：一〇　　二●　　三●　　四〇
　　　七●　　兑〇　　寸●　　八〇
　　　九〇

音标：jet⁵⁵pjek³⁵　ȵi⁵⁵xak⁵⁵　xa:m¹³lok³²　xi³⁵ pjik³²
　　　ŋo⁵³wuəŋ¹³　ljok³²pjek³⁵　xjat⁵⁵sjek⁵⁵　pet³⁵ pjek³⁵
　　　tɕu³³xi³³

直译：一白　　二黑　　三碧　　四 绿
　　　五黄　　六白　　七赤　　八 白
　　　九紫

意译：一白吉，二黑凶，三碧凶，四绿半吉半凶，五黄凶，六白吉，七赤凶，八白吉，九紫吉。

注释：

　　紫白九星在手掌上的分布和汉文献的后天八卦一样，一白在坎，二黑在坤，三碧在震，四绿在巽，五黄在中，六白在乾，七黑在兑，八白在艮，九紫在离。

　　紫白九星在普通抄本水书中以黑、白两色表示吉凶程度，白色表示吉利，黑色表示凶克，半白半黑表示吉凶参半。在彩绘抄本水书中则以红、黑两色表示吉凶程度，红色表示吉利，黑色表示凶克，半红半黑表示吉凶参半，纯白表示平——无吉无凶。

　　对于紫白九星，有的水书抄本只写数字，不写出表示吉凶的圆圈符号，朗读时这个数字要带出后面的一个读音而成为双音节词。

二、地支紫白九星

水字： 𘚐   𘚑   𘚒   𘚓   𘚔   𘚕
音标：xi³³ ŋo³¹ meu⁵³ ju⁵³ su³³ tɕu³³ xi³³
直译：子   午   卯   酉   丑   九 紫
意译：子午卯酉（年、日），丑（日、时）是九紫星。

水字： 𘚔   𘚖   𘚗   𘚘   𘚔   𘚙
音标：su³³ mi⁵⁵ sən³¹ xət⁵⁵ su³³ ljok³² pjek³⁵
直译：丑   未   辰   戌   丑   六 白
意译：丑未辰戌（年、日），丑（日、时）是六白星。

水字： 𘚚   𘚛   𘚜   𘚝   𘚔   三
音标：jan³² sən¹³ xi⁵³ ɣa:i³³ su³³ xa:m¹³ lok³²
直译：寅   申   巳   亥   丑   三 碧
意译：寅申巳亥（年、日），丑（日、时）是三碧星。

条目意译：

子午卯酉年，丑日起九紫；子午卯酉日，丑时起九紫。
丑未辰戌年，丑日起六白；丑未辰戌日，丑时起六白。
寅申巳亥年，丑日起三碧；寅申巳亥日，丑时起三碧。

注释：

本条目为紫白九星推导歌诀，即由此推导出每一日、每一时所属的星宿。

三、天干紫白九星

水字： ⴷ   ᛂ   ᚵ   ᚹ
音标：tɕa:p³⁵   tɕi¹³   su³³   tɕu³³xi³³
直译： 甲   己   丑   九 紫
意译：甲己（年、日），丑（日、时）是九紫星。

水字： ʃ   ᚷ   ᚵ   八
音标：jat⁵⁵   qeŋ¹³   su³³   pet³⁵ pjek³⁵
直译： 乙   庚   丑   八 白
意译：乙庚（年、日），丑（日、时）是八白星。

水字： ᛘ   ⋈   ᚵ   ᛏ
音标：pjeŋ³³   xjən¹³ su³³   xjat⁵⁵sjek⁵⁵
直译： 丙   辛   丑   七 赤
意译：丙辛（年、日），丑（日、时）是七赤星。

水字： ᛐ   壬   ᚵ   ⼻
音标：tjeŋ¹³   n̠um³¹   su³³   ljok³² pjek³⁵
直译： 丁   壬   丑   六 白
意译：丁壬（年、日），丑（日、时）是六白星。

水字： ᛉ   ᛇ   ᚵ   ᛒ
音标：mu⁵⁵   tɕui³⁵ su³³   ŋo⁵³ wuən¹³
直译： 戊   癸   丑   五 黄

意译：戊癸（年、日），丑（日、时）是五黄星。

条目意译：

　　天干为甲己之年，丑日起九紫；天干为甲己之日，丑时起九紫。

　　天干为乙庚之年，丑日起八白；天干为乙庚之日，丑时起八白。

　　天干为丙辛之年，丑日起七赤；天干为丙辛之日，丑时起七赤。

　　天干为丁壬之年，丑日起六白；天干为丁壬之日，丑时起六白。

　　天干为戊癸之日，丑时起五黄；天干为戊癸之日，丑时起五黄。

注释：

　　紫白九星的推遁方法是逆推，例如：子午卯酉年，丑日起九紫，寅日八白，卯日七赤，辰日六白，巳日五黄，午日四绿，未日三碧，申日二黑，酉日一白，余仿此。

附：地支紫白九星一览表

地支	九紫	八白	七赤	六白	五黄	四绿	三碧	二黑	一白
子午卯酉	丑戌	寅亥	卯	辰	巳	午	未	申	子酉
丑未辰戌	未	申	子酉	丑戌	寅亥	卯	辰	巳	午
寅申巳亥	辰	巳	午	未	申	子酉	丑戌	寅亥	卯

天干紫白九星一览表

地支	九紫	八白	七赤	六白	五黄	四绿	三碧	二黑	一白
甲己	丑戌	寅亥	卯	辰	巳	午	未	申	子酉
乙庚	子酉	丑戌	寅亥	卯	辰	巳	午	未	申
丙辛	申	子酉	丑戌	寅亥	卯	辰	巳	午	未
丁壬	未	申	子酉	丑戌	寅亥	卯	辰	巳	午
戊癸	午	未	申	子酉	丑戌	寅亥	卯	辰	巳

仲　　忌
ljok⁴² tɕoŋ¹³ tɕi⁵⁵

水字：兀　氺　弖　三
音标：tai⁵⁵　xua³³　tɕi⁵⁵　xa:m¹³ lok³²
直译：大　火　忌　三　碧
意译：本命为大火宫者忌三碧日、三碧时，破军星值年忌三碧日，破军星值日忌三碧时。

水字：彐　艹　弖　八
音标：tɕu³¹　mən³¹　tɕi⁵⁵　pet³⁵ pjek³⁵
直译：巨　门　忌　八　白
意译：本命宫为小火者忌八白日、八白时，巨门星值年忌八白日，巨门星值日忌八白时。

水字：　仐　弖　二
音标：tsoŋ¹³ tɕum¹³　tɕi⁵⁵　n̠i⁵⁵xak⁵⁵
直译：仲　金　忌　二　黑
意译：本命宫为大金者忌二黑日、二黑时，武曲星值年忌二黑日，武曲星值日忌二黑时。

水字：※　⊙　弖　十
音标：ljok³²　xən³¹　tɕi⁵⁵　xjat⁵⁵sjek⁵⁵
直译：六　地方　忌　七　赤
意译：本命宫为小金者忌七赤日、七赤时，禄存星值年忌七赤日，禄存星值日忌七赤时。

水字：　　井　　　ꑼ　　　六

音标：tha:m¹³ la:ŋ⁵⁵　　tɕi⁵⁵　　tɕu³³ xi³³

直译：贪　　狼　　　忌　　　九　紫

意译：本命宫为大水者忌九紫日、九紫时，贪狼星值年忌九紫日，贪狼星值日忌九紫时。

水字：　　父　　　ꑼ　　　圧

音标：ljem³¹ khiŋ³⁵　　tɕi⁵⁵　　ŋo⁵³ wuəŋ¹³

直译：廉　　贞　　　忌　　　五　黄

意译：本命宫为小水者忌五黄日、五黄时，廉贞星值年忌五黄日，廉贞星值日忌五黄时。

条目意译：

　　本命为大火宫者忌三碧日、三碧时，破军星值年忌三碧日，破军星值日忌三碧时。

　　本命宫为小火者忌八白日、八白时，巨门星值年忌八白日，巨门星值日忌八白时。

　　本命宫为大金者忌二黑日、二黑时，武曲星值年忌二黑日，武曲星值日忌二黑时。

　　本命宫为小金者忌七赤日、七赤时，禄存星值年忌七赤日，禄存星值日忌七赤时。

　　本命宫为大水者忌九紫日、九紫时，贪狼星值年忌九紫日，贪狼星值日忌九紫时。

　　本命宫为小水者忌五黄日、五黄时，廉贞星值年忌五黄日，廉贞星值日忌五黄时。

注释：

例如某男人在甲子年去世，享年73岁，属小水宫，依前文地支的九星推遁，那么巳日为五黄日，不能入殓、安葬。依天干的九星推遁，也是巳日为五黄日，不能入殓、安葬。

八宫掌
pet³⁵ san¹³

八宫在掌上（左掌）分布排列如下：

丞（巽）	屮（离）	禾（坤）
屮（震）		丒（兑）
丑（艮）	丕（坎）	下（乾）

八宫掌

注释：

　　八宫掌，水语称san¹³，依亡人享年推遁属何宫，再按所属之宫择吉入殓、安埋。亡人所属何宫的推遁方法是：男女均从离宫开始往坤宫逆数，整十年隔一宫，零数年依次数去即可。例：某人享年75岁，从离宫起一十，隔坤宫，兑宫二十，隔乾宫，坎宫三十，隔艮宫，震宫四十，隔巽宫，离宫五十，隔坤宫，兑宫六十，隔乾宫，坎宫七十。然后一宫一位，艮宫七十一，震宫七十二，巽宫七十三，离宫七十四，坤宫七十五，由此得知此人属坤宫，再由坤宫的定义来选择吉日。简便方法即从离宫起五十。详见下面一览表。

享年与八宫掌对照一览表

八宫	离（午）	坤（未）	兑（酉）	乾（戌）	坎（子）	艮（丑）	震（卯）	巽（辰）
享 年	10	11	12	13	14	15	16	17
	18	19	20	21	22	23	24	25
	26	27	28	29	30	31	32	33
	34	35	36	37	38	39	40	41
	42	43	44	45	46	47	48	49
	50	51	52	53	54	55	56	57
	58	59	60	61	62	63	64	65
	66	67	68	69	70	71	72	73
	74	75	76	77	78	79	80	81
	82	83	84	85	86	87	88	89
	90	91	92	93	94	95	96	97
	98	99	100	101	102	103	104	105

母散歌诀
loŋ³¹ san¹³

水字：ㄥ　　ㄓ　　　ㄆ　　ㄗ
音标：qha:m³³　sa:n¹³　tɕhi⁵⁵　pjeŋ³³　jan³¹
直译：坎　　山　　起　　丙　　寅
意译：亡命为坎宫者，从中宫起丙寅，凡入中宫之日忌埋葬。

水字：ㄥ　　ㄓ　　　ㄒ　　ㄇ
音标：qən³⁵　sa:n¹³　tɕhi⁵⁵　tjeŋ¹³　meu⁵³
直译：艮　　山　　起　　丁　　卯
意译：亡命为艮坎宫者，从中宫起丁卯，凡入中宫之日忌埋葬。

水字：ㄇ　　ㄓ　　　ㄒ　　ㄇ
音标：tsən³⁵　sa:n¹³　tɕhi⁵⁵　tjeŋ¹³　meu⁵³
直译：震　　山　　起　　丁　　卯
意译：亡命为震宫者，从中宫起丁卯，凡入中宫之日忌埋葬。

水字：ㄓ　　ㄓ　　　ㄓ　　ㄓ
音标：xən³⁵　sa:n¹³　tɕhi⁵⁵　mu⁵⁵　sən³¹
直译：巽　　山　　起　　戊　　辰
意译：亡命为巽宫者，从中宫起戊辰，凡入中宫之日忌埋葬。

一、本卷水书基础知识汇释　　41

水字：㐀　㐁　　　㐂　㐃
音标：li³¹　sa:n¹³　tɕhi⁵⁵　mu⁵⁵　sən³¹
直译：离　山　起　戊　辰
意译：亡命为离宫者，从中宫起戊辰，凡入中宫之日忌埋葬。

水字：㐄　㐁　　　㐅　㐆
音标：fən¹³　sa:n¹³　tɕhi⁵⁵　jat⁵⁵　su³³
直译：坤　山　起　乙　丑
意译：亡命为坤宫者，从中宫起乙丑，凡入中宫之日忌埋葬。

水字：㐇　㐁　　　㐈　㐉
音标：toi⁵⁵　sa:n¹³　tɕhi⁵⁵　pjeŋ³³　jan³¹
直译：兑　山　起　丙　寅
意译：亡命为兑宫者，从中宫起丙寅，凡入中宫之日忌埋葬。

水字：㐊　㐁　　　㐅　㐆
音标：tɕen¹³　sa:n¹³　tɕhi⁵⁵　jat⁵⁵　su³³
直译：乾　山　起　乙　丑
意译：亡命为乾宫者，从中宫起乙丑，凡入中宫之日忌埋葬。

条目意译：
　　坎卦中宫起丙寅。

艮卦中宫起丁卯。
震卦中宫起丁卯。
巽卦中宫起戊辰。
离卦中宫起戊辰。
坤卦中宫起乙丑。
兑卦中宫起丙寅。
乾卦中宫起乙丑。

注释：

本条目水语称 loŋ³¹ san¹³，loŋ³¹ 为肚子、心脏的意思，以此喻中宫。此为记忆歌诀，"起中宫落中宫"的推遁方法见下面掌形推遁注释，再依此掌形推遁出具体禁忌日子。

母散掌形推遁
loŋ³¹ san¹³

母散的推遁方法在左掌上排布如下:

丞（巽）	亐（离）	禾（坤）
⸘（震）	𣥀（中宫）	卍（兑）
丑（艮）	圣（坎）	下（乾）

八宫掌

注释：

𣥀，水语读音san¹³，与汉字"散"的当地汉语方言相近，是与八卦有关的一种水书知识，主要通过八卦来推遁安葬应避忌的凶克之日。有的写作𣥀，有的写作𣥀，本书正文的标记方式是在某卦用字打一个圆圈，如坎卦写作㊎，也有人则直接写成汉字"散"。

母散的推遁方法是按歌诀"起中宫落中宫"，例如某人属坎（子）宫，按六十甲子从中宫起丙寅，到坎宫为丁卯，艮宫为戊辰，震宫为己巳，巽宫为庚午，离宫为辛未，坤宫为壬申，兑宫为癸酉，乾宫为甲戌，然后进入中宫为乙亥，再出中宫到坎宫为丙子，依此推导，凡是中宫之日丙寅、乙亥等最忌安葬，犯者会连续死人。特别指出起例之日及前三轮所遇之日尤忌。

本歌诀推导出的禁忌日子见下面一览表

八卦	坎（子）	艮（丑）	震（卯）	巽（辰）	离（午）	坤（未）	兑（酉）	乾（戌）
歌诀起例	丙寅	丁卯	丁卯	戊辰	戊辰	乙丑	丙寅	乙丑
起中宫落中宫	丙寅	丁卯	丁卯	戊辰	戊辰	乙丑	丙寅	乙丑
	乙亥	丙子	丙子	丁丑	丁丑	甲戌	乙亥	甲戌
	甲申	乙酉	乙酉	丙戌	丙戌	癸未	甲申	癸未
	癸巳	甲午	甲午	乙未	乙未	壬辰	癸巳	壬辰
	壬寅	癸卯	癸卯	甲辰	甲辰	辛丑	壬寅	辛丑
	辛亥	壬子	壬子	癸丑	癸丑	庚戌	辛亥	庚戌
	庚申	辛酉	辛酉	壬戌	壬戌	己未	庚申	己未
	己巳	庚午	庚午	辛未	辛未	戊辰	己巳	戊辰
				庚辰	庚辰	丁丑		丁丑
				己丑	己丑	丙戌		丙戌
						乙未		乙未

黑散歌诀
san^{13} nam^{13}

水字： 𘜶　　𘞗　　𘝞　　𘞗
音标：qha:m^{33}　sa:n^{13}　tɕhi^{55}　tɕa:p^{32}　ŋo^{31}
直译： 坎　　山　　起　　甲　　午
意译：亡命为坎宫者，从本位起甲午，凡入中宫之日忌埋葬。

水字： 𘜶　　𘞗　　𘝞　　𘞗
音标：qən^{35}　sa:n^{13}　tɕhi^{55}　tɕa:p^{32}　sən^{13}
直译： 艮　　山　　起　　甲　　申
意译：亡命为艮宫者，从本位起甲申，凡入中宫之日忌埋葬。

水字： 𘜶　　𘞗　　𘝞　　𘞗
音标：tsən^{35}　sa:n^{13}　tɕhi^{55}　tɕa:p^{32}　sən^{31}
直译： 震　　山　　起　　甲　　辰
意译：亡命为震宫者，从本位起甲辰，凡入中宫之日忌埋葬。

水字： 𘜶　　𘞗　　𘝞　　𘞗
音标：xən^{35}　sa:n^{13}　tɕhi^{55}　tɕa:p^{32}　jan^{31}
直译： 巽　　山　　起　　甲　　寅
意译：亡命为巽宫者，从本位起甲寅，凡入中宫之日忌埋葬。

水字： ᚖ ᚗ ᚘ ᚙ
音标：li^{31}　　sa:n^{13}　　tɕhi^{55}　　tɕa:p^{32}　　xi^{33}
直译：离　　　山　　　起　　　甲　　　子
意译：亡命为离宫者，从本位起甲子，凡入中宫之日忌埋葬。

水字： ᚖ ᚗ ᚘ ᚙ
音标：fən^{13}　　sa:n^{13}　　tɕhi^{55}　　tɕa:p^{32}　　xət^{55}
直译：坤　　　山　　　起　　　甲　　　戌
意译：亡命为坤宫者，从本位起甲戌，凡入中宫之日忌埋葬。

水字： ᚖ ᚗ ᚘ ᚙ
音标：toi^{55}　　sa:n^{13}　　tɕhi^{55}　　tɕa:p^{32}　　jan^{31}
直译：兑　　　山　　　起　　　甲　　　寅
意译：亡命为兑宫者，从本位起甲寅，凡入中宫之日忌埋葬。

水字： ᚖ ᚗ ᚘ ᚙ
音标：tɕen^{13}　　sa:n^{13}　　tɕhi^{55}　　tɕa:p^{32}　　sən^{13}
直译：乾　　　山　　　起　　　甲　　　申
意译：亡命为乾宫者，从本位起甲申，凡入中宫之日忌埋葬。

条目意译：

　　坎宫从本位起甲午推遁。

艮宫从本位起甲申推遁。

震宫从本位起甲辰推遁。

巽宫从本位起甲寅推遁。

离宫从本位起甲子推遁。

坤宫从本位起甲戌推遁。

兑宫从本位起甲寅推遁。

乾宫从本位起甲申推遁。

注释：

本条目为记忆歌诀，"起本位落中宫"的推遁方法见下面黑散掌形推遁注释。

黑散掌形推遁
san¹³ nam¹³

黑散的推遁方法在左掌上排布如下：

丞(巽)	干(离)	禾(坤)
⺢(震)	共(中宫)	弓(兑)
丑(艮)	圣(坎)	下(乾)

八宫掌

注释：

　　黑散，水语称san¹³ nam¹³，nam¹³译为黑，意思丧葬择吉犯为最为黑暗，又称san¹³ tai¹³ jan¹³（死人散），推遁方法是按歌诀"起本位落中宫"。例如某人属坎（子）宫，按六十甲子从坎宫起甲午，艮宫为乙未，震宫为丙申，巽宫为丁酉，离宫为戊戌，坤宫为己亥，兑宫为庚子，乾宫为辛丑，然后进入中宫为壬寅，再出中宫到坎宫为癸卯，依此推导，凡是中宫之日不宜出柩安葬，前三轮所遇的日子死自己家里的人，四圈以后死家族里的人。

　　此散还称散绞san¹³ tɕau⁵⁵，水语tɕau⁵⁵即双数之意，安葬犯之，埋夫死妻，埋妻死夫。

本歌诀推导出的禁忌日子见下面一览表

八卦	坎（子）	艮（丑）	震（卯）	巽（辰）	离（午）	坤（未）	兑（酉）	乾（戌）
歌诀起例	甲午	甲申	甲辰	甲寅	甲子	甲戌	甲寅	甲申
起本位落中宫	壬寅	辛卯	庚戌	己未	戊辰	丁丑	丙辰	乙酉
	辛亥	庚子	己未	戊辰	丁丑	丙戌	乙丑	甲午
	庚申	己酉	戊辰	丁丑	丙戌	乙未	甲戌	癸卯
	己巳	戊午	丁丑	丙戌	乙未	甲辰	癸未	壬子
	戊寅	丁卯	丙戌	乙未	甲辰	癸丑	壬辰	辛酉
	丁亥	丙子	乙未	甲辰	癸丑	壬戌	辛丑	庚午
	丙申	乙酉	甲辰	癸丑	壬戌	辛未	庚戌	己卯

黑 散
san¹³ nam¹³

水字： 𖼢　　𖼣　　𖼤　　一　　𖼢　　𖼣　　𖼤
　　　 𖼢　　𖼢

音标： qha:m³³　sa:n¹³　tɕi⁵⁵　jet⁵⁵pjek³⁵　qha:m³³　sa:n¹³　tɕi⁵⁵
　　　 qeŋ¹³　xi³³

直译： 坎　　山　　忌　　一　　白　　坎　　山　　忌
　　　 庚　　子

意译： 亡命为坎宫，葬日忌一白日、庚子日。

水字： 𖼥　　𖼣　　𖼤　　八　　𖼥　　𖼣　　𖼤
　　　 𖼥　　𖼥

音标： qən³⁵　sa:n¹³　tɕi⁵⁵　pet³⁵ pjek³⁵　qən³⁵　sa:n¹³　tɕi⁵⁵
　　　 tɕui³⁵　su³³

直译： 艮　　山　　忌　　八　　白　　艮　　山　　忌
　　　 癸　　丑

意译： 亡命为艮宫，葬日忌八白日、癸丑日。

水字： 𖼦　　𖼣　　𖼤　　三　　𖼦　　𖼣　　𖼤
　　　 𖼦　　𖼦

音标： tsən³⁵　sa:n¹³　tɕi⁵⁵　xa:m¹³lok³²　tsən³⁵　sa:n¹³　tɕi⁵⁵
　　　 tɕi¹³　meu⁵³

直译： 震　　山　　忌　　三　　碧　　震　　山　　忌
　　　 己　　卯

意译： 亡命为震宫，葬日忌三碧日、己卯日。

水字：𛰎 𛰏 𛰐 四 𛰎 𛰏 𛰐 𛰑 𛰎
音标：xən³⁵ sa:n¹³ tɕi⁵⁵ xi³⁵ pjik³² xən³⁵ sa:n¹³ tɕi⁵⁵ mu⁵⁵ sən³¹
直译：巽 山 忌 四 绿 巽 山 忌 戊 辰
意译：亡命为巽宫，葬日忌四绿日、戊辰日。

水字：𛰒 𛰏 𛰐 六 𛰒 𛰏 𛰐 𛰓 𛰒
音标：li³¹ sa:n¹³ tɕi⁵⁵ tɕu³³xi³³ li³¹ sa:n¹³ tɕi⁵⁵ qeŋ¹³ ŋo³¹
直译：离 山 忌 九 紫 离 山 忌 庚 午。
意译：亡命为离宫，葬日忌九紫日、庚午日。

水字：𛰔 𛰏 𛰐 二 𛰔 𛰏 𛰐 𛰕 𛰔
音标：fən¹³ sa:n¹³ tɕi⁵⁵ n̠i⁵⁵xak⁵⁵ fən¹³ sa:n¹³ tɕi⁵⁵ xjən¹³ mi⁵⁵
直译：坤 山 忌 二 黑 坤 山 忌 辛 未
意译：亡命为坤宫，葬日忌二黑日、辛未日。

水字：𛰐 丁 𛰔 𛰐 𛰖 𛰔
音标：tɕi⁵⁵ tjeŋ¹³ mi⁵⁵ pu³³ tɕi⁵⁵ tɕi¹³ mi⁵⁵
直译：忌 丁 未 还 忌 己 未
意译：亡命为坤宫，葬日忌二黑日，忌辛未日也忌丁未日还忌己未日。

水字：𛰗 𛰏 𛰐 𛰘 𛰗 𛰏 𛰐 𛰖 𛰗
音标：toi⁵⁵ sa:n¹³ tɕi⁵⁵ xjat⁵⁵sjek⁵⁵ toi⁵⁵ sa:n¹³ tɕi⁵⁵ tɕi¹³ ju⁵³
直译：兑 山 忌 七 赤 兑 山 忌 己 酉
意译：亡命为兑宫，葬日忌七赤日、己酉日。

水字： 乾 山 忌 六白 乾 山 忌
天下
音标：tɕen³¹ sa:n¹³ tɕi⁵⁵ ljok³² pjek³⁵ tɕen³¹ sa:n¹³ tɕi⁵⁵
qeŋ¹³ xət⁵⁵
直译：乾 山 忌 六 白 乾 山 忌
庚 戌
意译：亡命为乾宫，葬日忌六白日、庚戌日。

条目意译：

  坎宫，葬日忌一白日、庚子日。

  艮宫，葬日忌八白日、癸丑日。

  震宫，葬日忌三碧日、己卯日。

  巽宫，葬日忌四绿日、戊辰日。

  离宫，葬日忌九紫日、庚午日。

  坤宫，葬日忌二黑日、忌辛未日、丁未日、己未日。

  兑宫，葬日忌七赤日、己酉日。

  乾宫，葬日忌六白日、庚戌日。

注释：

  前者依前文天干、地支紫白九星推遁，所择之日犯者忌；后者为应避忌的日子，安葬择吉不能犯，犯之再死人。

二十八星宿地支推寻歌诀

tɕan⁵⁵ n̠i⁵⁵ sop³² pet³⁵ ni⁵³ tɕom³¹

水字：（水书符号）

音标：ŋo³¹ qhan³⁵ qha:u¹³ mi⁵⁵ qhan³⁵ ljoŋ³¹ sən¹³ ti¹³la:ŋ³¹ ju⁵³ wan¹³thu³⁵

直译：午　角木蛟　未　亢金龙　申　氐土貉　酉　房日兔

意译：午日是角木蛟，未日是亢金龙，申日是氐土貉；酉日是房日兔。

水字：（水书符号）

音标：xət⁵⁵ xjem¹³ɣu¹³ ɣa:i³³ ŋo⁵³ xu³³ xi³³ tɕu³³peu³⁵ su³³ thu³³ xa:i³⁵

直译：戌　心月弧　亥　尾火虎　子　箕水豹　丑　斗木獬

意译：戌日是心月弧，亥日是尾火虎，子日是箕水豹，丑日是斗木獬。

水字：（水书符号）

音标：jan³¹ tɕoŋ³¹n̠u³¹ meu⁵³ niu⁵³ fok³² sən³¹ sa³⁵ma:i⁵³su³³ xi⁵³ niu⁵³ʔin³⁵

直译：寅　牛金牛　卯　女土蝠　辰　虎日鼠

巳　危月燕

意译：寅日是牛金牛，卯日是女土蝠，辰日是虎日鼠，巳日是危月燕。

水字：[字] [字] [字] [字] [字] [字]
　　　[字] [字]

音标：ŋo³¹　tɕat⁵⁵tɕu¹³　mi⁵⁵　phjek³⁵ɕi¹³　sən¹³　khui¹³la:ŋ⁵⁵
　　　ju⁵³　loi⁵⁵qau³³

直译：午　室火猪　未　壁水貐　申　奎木狼
　　　酉　娄金狗

意译：午日是室火猪，未日是壁水貐，申日是奎木狼，酉日是娄金狗。

水字：[字] [字] [字] [字] [字] [字]
　　　[字] [字]

音标：xət⁵⁵　ŋa:i³¹tɕi⁵⁵　ɣa:i³³　ŋa:i³¹tɕi⁵⁵　xi³³　phjek³⁵ɣu¹³
　　　su³³　foi³³au¹³

直译：戌　胃土雉　亥　昴日鸡　子　毕月乌
　　　丑　觜火猴

意译：戌日是胃土雉，亥日是昴日鸡，子日是毕月乌，丑日是觜火猴。

水字：[字] [字] [字] [字] [字] [字]
　　　[字] [字]

音标：jan³¹　sa:m³⁵jon³¹　meu⁵³　ma:i⁵³ŋa:n⁵⁵　sən³¹　tɕu³³jek³²
　　　xi⁵³　lu⁵³tsjeŋ¹³

直译：寅　参木猿　卯　井木犴　辰　鬼金羊
　　　巳　柳土獐
意译：寅日是参木猿，卯日是井木犴，辰日是鬼金羊，巳日是柳土獐。

水字：[水字符号]

音标：ŋo³¹　xja:ŋ¹³ma⁵³　mi⁵⁵　tɕa³³lok³²　sən¹³　jət³²ɕje³¹
　　　ju⁵³　sa:i⁵⁵jan⁵³
直译：午　星日马　未　张月鹿　申　翼火蛇
　　　酉　轸水蚓
意译：午日是星日马，未日是张月鹿，申日是翼火蛇，酉日是轸水蚓。

条目意译：

午日，角木蛟；未日，亢金龙；申日，氐土貉；酉日，房日兔；

戌日，心月狐；亥日，尾火虎；子日，箕水豹；丑日，斗木獬；

寅日，牛金牛；卯日，女土蝠；辰日，虚日鼠；巳日，危月燕；

午日，室火猪；未日，壁水貐；申日，奎木狼；酉日，娄金狗；

戌日，胃土雉；亥日，昴日鸡；子日，毕月乌；丑日，觜火猴；

寅日，参木猿；卯日，井木犴；辰日，鬼金羊；巳日，柳土獐；

午日，星日马；未日，张月鹿；申日，翼火蛇；酉日，轸水蚓。

注释：

本条目原无文字，属纯口头记忆，为便于对照，水字为著者所加。

本条目是地支年、地支日的午位推寻二十八宿所属。二十八宿，水语称 ȵi^{55} sop^{32} pet^{35} ni^{53} tɕom^{31}，它是水书的一个重要组成部分，单独成卷。与汉文献二十八宿不同之处在于水族人对每一星宿有自己的称谓，也有自己对这一星宿的认知和理解，运用于择吉上与汉文化存在一定的差异。可参见荔波县人民政府编著的《水书泐金纪日卷》（2007）。

本条目诵读时三个音节一顿，第一个字为地支，第二、三个字为星宿名。例如第一句读：ŋo^{31} qhan^{35} qha:u^{13}、mi^{55}qhan^{35} ljoŋ^{31}、sən^{13} ti^{13} la:ŋ^{31}、ju^{53}wan^{13}thu^{35}。

二

水书正文译注

六宫（一）

ljok⁴² tɕoŋ¹³

水字： 兀 氺① ♯ 禾 禾 亚 十 二
　　　 亚 乙 亚 ⺌ 氺

音标： tai⁵⁵　xua³³　phuə³⁵ tsəŋ¹³　mok³²　sən³¹　su³³　xjat⁵⁵　ȵi⁶⁶
　　　 tsjəŋ¹³　jat⁵⁵　tsjəŋ¹³　　xai³¹　xua³³

直译： 大　火　破　军　木　辰　丑　七　二
　　　 正　乙　正　　　棺　火

意译：大火宫为破军星所值，正月二月七月的辰、丑日安葬，如木生火，吉。

水字： 禾 亚 平 言 ⺌ 禾 彡 坌 平
　　　 三 平

音标： sən³¹　su³³　tɕat⁵⁵　ɣa:i³³　meu⁵³　mi⁵⁵　si³¹　pu³¹　tɕat⁵⁵
　　　 ha:m¹³　tɕat⁵⁵

直译： 辰　丑　吉　亥　卯　未　时　辅　吉
　　　 三　吉

意译：辰、丑吉日的亥、卯、未时吉。

水字： 禾 工 〇 禾 工 彡 坌 三 平

音标： sən³¹　xi⁵³　wan¹³　sən³¹　xi⁵³　si³¹　pu³¹　ha:m¹³　tɕat⁵⁵

直译： 辰　巳　日　辰　巳　时　辅　三　吉

意译：辰、巳吉日的辰、巳时吉。

---

① 此字原文写作凶（文），误，应为氺（火）。

水字：毛 仅 言 ○ 才 仅 禾 ○ 十
　　　仅 禾 ○ 水 吉

音标：ŋo⁵³　xjan¹³　ɣa:i³³　wan¹³　xjat⁵⁵　xjan¹³　mi⁵⁵　wan¹³　sop³²
　　　xjan¹³ mi⁵⁵　wan¹³ sui³³　tɕat⁵⁵

直译：五　辛　亥　日　七　辛　未　日　十
　　　辛　未　日　水　吉

意译：五月辛亥日，七月辛未日，十日辛未日，吉。

水字：十 二 仅 禾 ○ 八 丁 丑 ○
　　　四 乙 丑 ○ ⺊ 彐 吉

音标：sop³²　n̠i⁵⁵　xjan¹³　mi⁵⁵　wan¹³　pet³²　tjəŋ¹³　su³³　wan¹³
　　　xi³⁵　jat⁵⁵　su³³　wan¹³ meu⁵³　si³¹　tɕat⁵⁵

直译：十　二　辛　未　日　八　丁　丑　日
　　　四　乙　丑　日　卯　时　吉

直译：十二月辛未日，八月丁丑日，四月乙丑日，卯时，吉。

水字：丗① 兊 夊 ⺊ ○ 水 禾 彐 吉

音标：ti⁵⁵　ljok³²　tɕui³⁵　meu⁵³　wan¹³　sui³³　mi⁵⁵　si³¹　tɕat⁵⁵

直译：第　六　癸　卯　日　水　未　时　吉

意译：第六元甲子的癸卯日，未时，吉。

---

① 丗，若后面与数字连接，应准确译为"第×元"，这是水书中的一个重要概念，所指即是第几元甲子的日子。水书择吉确指到某元的某日，这是水书与汉文献择吉用书所不同的地方。以日论，一个六十甲子为一元，共有七元，周而复始。七元起例与汉文献相同，见本书原件第 16 页最末一个条目，即"一元甲子虚日鼠，二元甲子奎木狼，三元甲子毕月乌，四元甲子鬼金羊，五元甲子翼火蛇，六元甲子箕水豹，七元甲子氐土貉"。

丗，又译作"地""第"等义项。

二、水书正文译注　61

水字：（水字符号）

音标：pjeŋ³³ xi³³ pjeŋ³³ jan³¹ wan¹³ ɕoŋ¹³ su³³ jan³¹ si³¹

直译：丙　子　丙　寅　日　凶　丑　寅　时

意译：丙子日、丙寅日，丑时、寅时，凶。

水字：（水字符号）

音标：ŋo⁵³ xai³¹ xai³¹ tɕu³³ xai³¹ si³¹ sui³³ xa:m¹³ tha:m¹³ fa:ŋ¹³ xjat⁵⁵ pu³¹ xa:m¹³ tɕat⁵⁵

直译：五　棺　棺　九　棺　时　水　三　贪　方　七　辅　三　吉

意译：犯五虎③日，变成九穷④时。若符合"三个贪狼星"的日课，也是吉利。

水字：（ ⌒⌒ ）⑤　（水字符号）⑥

音标：(xjeu³³ xua³³) tɕu³¹ men³¹ jat⁵⁵ thu³³ ɲi⁵⁵ xi³³ xa:m¹³ xi³⁵ ka³³ ɣa:i³³ meu³³ mi⁵⁵

---

① 三井，水语 xa:m¹³tha:m¹³，水书择日的一种方法，即所选日课的年、月、日、时，其中有三个是贪狼星所值，具体讲义依《水书九星歌诀》或《贪巨》等专书所解，此不赘述。下同。

② 寸𡘌三丮，是水语"si³¹ pu³¹ xa:m¹³ tɕat⁵⁵"的记音符号，也说"pu³¹ xa:m¹³ nam³³"，表示"非常吉利"的意思。本条目下文"𡘌丮""三丮""𡘌氺"及日、时后的"氺"，都是"寸𡘌三丮"一词的省写，意思相同。

③ 五虎，水语 ŋo⁵³ hu³³，水书条目名称。前文所列凶克日有寅日、寅时，地支寅生肖是虎。安葬犯五虎日，易被老虎等野兽伤害致死，从而变穷。

④ 九穷，水语 tɕu³³xo³³，水书条目名称。安葬犯九穷，日后穷愁潦倒。

⑤ 原文缺"⌒⌒"二字。

⑥ （符号），此符号表示等的意思。

直译：(小　火)　　巨　　门　　乙　　土　　二
　　　　子　三　　四　等　亥　卯　未
意译：小火宫为巨门星所值，寻找五行属土的日子。二月子
　　　日，三月四月亥、卯、未日。

水字：
音标：tsjeŋ¹³　xi³³　ŋo³¹　su³³　wan¹³　tɕat⁵⁵　tɕu³¹
直译：正　　子　　午　　丑　　日　　吉　　巨
意译：正月子、午、丑日，吉。

水字：
音标：sən³¹　su³³　ɣa:i³³　meu⁵³　wan¹³　tɕat⁵⁵　sən³¹　xi⁵³
　　　wan¹³　si³¹　xa:m¹³　tɕat⁵⁵
直译：辰　　丑　　亥　　卯　　日　　吉　　辰　　巳
　　　日　　时　　三　　吉
意译：辰、丑、亥、卯日，吉；辰、巳时，吉。

水字：
音标：ɣa:i³³　meu⁵³　mi⁵⁵　wan¹³
直译：亥　　卯　　未　　日
意译：亥、卯、未日，吉。

水字：

---

① 　，在此作水语 tɕat⁵⁵ tɕu³¹ 的记音符号，水书特有名词，表示非常吉利的意思。

二、水书正文译注　　63

音标：ti⁵⁵　ȵi⁵⁵　xi³³　su³³　ŋo³¹　wan¹³　xjat⁵⁵　tjeŋ¹³　mi⁵⁵
wan¹³　pet³²　tjeŋ¹³　su³³　wan¹³　su³³　mi⁵⁵　si³¹

直译：第　二　子　丑　午　日　七　丁　未
日　八　丁　丑　日　丑　未　时

意译：第二元甲子的丑、午日，七月丁未日，八月丁丑日，丑未时。

水字：

音标：ti⁵⁵　ljok³²　qeŋ¹³　ŋo³¹　wan¹³　pu³¹　xa:m¹³　tha:m¹³
si³¹　fa:ŋ¹³　sui³³　tɕat⁵⁵

直译：第　六　庚　午　日　辅　三　贪
时　方　水　吉

意译：第六元甲子的庚午日，再按"三个贪狼星"日课选择，吉利。

水字：

音标：tɕi¹³　su³³　wan¹³　tɕi¹³　mi⁵⁵　wan¹³　su³³　jan³¹　si³¹　ɕoŋ¹³

直译：己　丑　日　己　未　日　丑　寅　时　凶

意译：己丑日、己未日，丑时、寅时，凶。

水字：

---

① ᗩ，水语 mu⁵⁵ muət³⁵ 的记音符号，或用汉字记为"母满"，水书条目名称，安葬犯之，如水推沙般地衰败溃散。

音标：sop³² jat⁵⁵ mu⁵⁵ muət³⁵ xai³¹ xa:m¹³ phuə³⁵ xai³¹ çoŋ¹³
直译：十　一　母　满　棺　三　破　棺　凶
意译：（前述凶克日）为 mu⁵⁵ muət³⁵ 日，犯之死十一人，若还犯"三个破军星"的日课，大凶。

水字：（水文字符）
音标：tai⁵⁵ tçum¹³ xu⁵³ thok³² sop³² sən¹³ pet³² tsjeŋ¹³ nam³¹ ti⁵⁵
直译：大　金　武　曲　十　申　八　正　撒满　地
意译：大金宫为武曲星所值，正月、八月、十月忌申日，犯之，凶煞危害到家门族下。

水字：（水文字符）
音标：xi³¹ su³³ ŋo³¹ wan¹³ mi⁵⁵ sən¹³ wan¹³ si³¹ ju⁵³ xət⁵⁵ si³¹ jan³¹ meu⁵³ si³¹ tçum¹³
直译：子　丑　午　日　未　申　日　时　酉　戌　时　寅　卯　时　金
意译：子日、午日、未日，酉时、戌时、寅时、卯时。

水字：（水文字符）
音标：jan³¹ meu⁵³ ɣa:i³³ xət⁵⁵ mi⁵⁵ pu³¹ tçat⁵⁵
直译：寅　酉　亥　戌　未　辅　吉
意译：寅时、酉时、亥日、戌日、未日，吉。

---

① 此句此工字无解，待考。
② （水字），nam³¹ti⁵⁵，撒满一地，到处都是，比喻祸害四处扩散，危及整个家族。（水字），王品魁译作 xən³¹，"地方"的意思。本条目下同。

二、水书正文译注　　65

水字：十 二 禾 申 〇 禾 下 〇
音标：sop³² ȵi⁵⁵ qeŋ¹³ sən¹³ wan¹³ qeŋ¹³ xət⁵⁵ wan¹³
直译：十 二 庚 申 日 庚 戌 日
意译：十二月的庚申日、庚戌日。

水字：三 丆 仈 辛 〇 艹 下 艹 午
　　　〇 㳟 吉
音标：xa:m¹³ ŋo⁵³ xjan¹ ɣa:i³³ wan¹³ mu⁵⁵ xət⁵⁵ mu⁵⁵ ŋo³¹
　　　wan¹³ pu³¹ tɕat⁵⁵
直译：三 五 辛 亥 日 戊 戌 戊 午
　　　日 辅 吉
意译：三月、五月的辛亥日、戊戌日、戊午日，吉。

水字：十 丁 㐅 㐅 辛 㐅 歹 丆 㐅
音标：sop³² xjat⁵⁵ xi³³ ɕoŋ¹³ ɣa:i³³ xi³³ si³¹ ŋo⁵³ ɕoŋ¹³
直译：十 七 子 凶 亥 子 时 五 凶
意译：十月、七月的子日，凶；亥时、子时，凶。

水字：二 丆 八 十 一 正 門① 〇
　　　兀 吉
音标：ȵi⁵⁵ ŋo⁵³ pet³² sop³² jat⁵⁵ tsjeŋ¹³ wa:ŋ¹³ wan¹²

---

① 正門，一作 jan³¹ tai⁵⁵ wa:ŋ¹³，直译"寅歹碗"，表示各方面都很好，顺利。一将門字译作 nde³³xai³¹，直译"梯骸"，表示灵柩像梯子阶级一样排列，比喻死了很多人，与下文兀吉（大吉）系联，后一种解释似不确。列出存疑。門字，本条目下同。

                            tai⁵⁵   tɕat⁵⁵
直译： 二   五   八   十   一   正   旺   日
        大   吉
意译：二月五月八月十一月大吉。

水字： [符] [符] [符]   [符] [符] [符] [符]
        [符] [符] [符]   [符]
音标：xeu³³ tɕum¹³ ljok³² xən³¹ ja³³ pu³¹ sui³³ ljok³²
       sop³² xiu¹³   kua:n³³jan³⁵ tɕum¹³
直译： 小   金   禄   存   夏   辅   水   六
        十   秋   官   印   金
意译：小金宫禄存星当值，催官发财六十年。

水字： [符] [符] [符] [符] [符] [符] [符] [符] [符] [符]
音标：jan³¹ ju⁵³ ɣa:i³³ xət⁵⁵ si³¹ meu⁵³ ŋo³¹ pu³¹ xa:m¹³ tɕat⁵⁵
直译： 寅   酉   亥   戌   时   卯   午   辅   三   吉
意译：寅时、酉时、亥时、戌时、卯时、午时，吉。

水字： [符] [符] [符] [符]
音标：pet³² tjeŋ¹³ su³³ wan¹³
直译： 八   丁   丑   日
意译：八月丁丑日吉。

水字： [符] [符] [符] [符]
音标：xi³⁵ jat⁵⁵ su³³ wan¹³
直译： 四   乙   丑   日

二、水书正文译注　67

意译：四月乙丑日吉。

水字：四　𠆢　卯　○　水
音标：xi³⁵　tɕui³⁵　meu⁵³　wan¹³　sui³³
直译：四　癸　卯　日　水
意译：四月癸卯日吉。

水字：正　𠆢　酉　○　未　时
音标：tsjeŋ¹³　tɕui³⁵　ju⁵³　wan¹³　mi⁵⁵　si³¹
直译：正　癸　酉　日　未　时
意译：正月癸酉日，未时，吉。

水字：第　一　丁　卯　○　壁水貐①　吉
音标：ti⁵⁵　jat⁵⁵　tjeŋ¹³　meu⁵³　wan¹³　pjek⁵⁵sui³³ɕi¹³　tɕat⁵⁵
直译：第　一　丁　卯　日　壁　水　貐　吉
意译：第一元甲子的丁卯日，星宿为壁水貐，吉。

水字：甲　寅　甲　戌　○　亥　子　时
　　　凶　三　时　六　时　凶
音标：tɕa:p³⁵　jan³¹　tɕa:p³⁵　xət⁵⁵　wan¹³　ɣa:i³³　xi³³　si³¹
　　　ɕoŋ¹³　xa:m¹³　si³¹　ljok³²　si³¹　ɕoŋ¹³
直译：甲　寅　甲　戌　日　亥　子　时
　　　凶　三　时　六　时　凶
意译：甲寅日、甲戌日，亥时、子时，凶。

① 壁水貐，正字当为𧕦。下不一一出校。

水字：丁 酉 戊 寅 ○ 酉 彡

音标：tjeŋ¹³　ju⁵³　mu⁵⁵　jan³¹　wan¹³　ju⁵³　si³¹

直译：丁　　酉　　戊　　寅　　日　　酉　　时

意译：丁酉日、戊寅日，酉时。

水字：五 棺 棺 二 五 八 十 一
　　　破 旺 辅 吉

音标：ŋo⁵³　xai³¹　xai³¹　ȵi⁵⁵　ŋo⁵³　pet³²　sop³²　jat⁵⁵　phuə⁵⁵　wa:ŋ¹³　pu³¹　tɕat⁵⁵

直译：五　　棺　　棺　　二　　五　　八　　十　　一
　　　破　　旺　　辅　　　　　　　　　　　　　　吉

意译：犯五虎日会死两人。在二月、五月、八月、十一月，若符合"三个破军星"的日课，也是吉利。

水字：大 水　　　贪 狼　　夏 辅 水　　官 印
　　　日 夏 戊 年　　　　　撒 满　　　　地①

音标：tai⁵⁵sui³³　tha:m³³ la:ŋ⁵⁵　ja³³ pu³¹ sui³³　kua:n³³jan³⁵
　　　wan¹³ ja³³ mu⁵⁵ mbe¹³　　　nam³¹　　　　ti⁵⁵

直译：大 水　　贪 狼　　　夏 辅 水　　官 印
　　　日 夏 戊 年　　　　　撒 满　　　　地

意译：大水宫贪狼星所值，福禄冠地方。

水字：丞 丑 キ ○ 平 水

---

① 文逢氶同○文艹弄甲出，此句未能确解，指出待考。

二、水书正文译注　69

音标：xi³³　su³³　ŋo³¹　wan¹³　tɕat⁵⁵　sui³³
直译：子　丑　午　日　吉　水
意译：子日、丑日，吉。

水字：
音标：ɣa:i³³　ŋo³¹　xi⁵³　meu⁵³　wan¹³　si³¹　pu³¹　mi⁵⁵　tɕat⁵⁵
直译：亥　午　巳　卯　日　时　辅　未　吉
意译：亥日、午日、巳日、卯日，未时，吉。

水字：
音标：ti⁵⁵　ŋo⁵³　ljok³²　xjan¹³　mi⁵⁵　wan¹³　sui³³　mi⁵⁵ sən¹³　si³¹　su³³　ŋo³¹　si³¹
直译：第　五　六　辛　未　日　水　未
　　　申　时　丑　午　时
意译：第五元、第六元甲子的辛未日，未时、申时，吉。

水字：
音标：xjat⁵⁵　jat⁵⁵　mi⁵⁵　wan¹³　mi⁵⁵　si³¹　tɕat⁵⁵
直译：七　乙　未　日　未　时　吉
意译：七月乙未日，未时，吉。

水字：
音标：sop³²　xjan¹³　mi⁵⁵　wan¹³
直译：十　辛　未　日
意译：十月辛未日吉。

水字： ㇇　㠯　禾　○
音标：sjat⁵⁵　xjan¹³　mi⁵⁵　wan¹³
直译：七　　辛　　未　　日
意译：七月辛未日吉。

水字：四　㠯　丑　○　彡　五　平
音标：xi³⁵　xjan¹³　su³³　wan¹³　si³¹　fa:ŋ¹³　tɕat⁵⁵
直译：四　　辛　　丑　　日　　时　　方　　吉
意译：四月辛丑日，辛丑时，丑（艮）方，吉。

水字：十　一　禾　先　○　壬　先　○
音标：sop³²　jat⁵⁵　qeŋ¹³　jan³¹　wan¹³　n̠um³¹　jan¹³　wan¹³
直译：十　一　庚　寅　日　壬　寅　日
直译：十一月庚寅日、壬寅日，吉。

水字：㇇　己　五　○　五　下　彡　平
　　　三　井　屯　三　　　叉
音标：xjat⁵⁵　tɕi¹³　ju⁵³　wan¹³　ju⁵³　xət⁵⁵　si³¹　tɕat⁵⁵
　　　xa:m¹³　tha:m¹³　ŋo⁵³　xa:m¹³　xai³¹　ɕoŋ¹³
直译：七　己　酉　日　酉　戌　时　吉
　　　三　贪　五　三　棺　凶
意译：七月己酉日，酉时、戌时，吉。若"三个贪狼星"日课搭配得不对，即变是五虎，要死三个人，凶。

二、水书正文译注　71

水字：乙　氺　㣺　攵　工　㣺　𠂇①
　　　申　弓　㣺　　　キ　弓　平　氺

音标：xeu³³　sui³³　ljem³¹ khiŋ³⁵　ja³³　xi⁵³　xi³³　xai³¹
　　　sɔn¹³　si³¹　xi³³　　　ŋo³¹　si³¹　tɕat⁵⁵　sui³³

直译：小　水　廉　贞　夏　巳　子　棺
　　　申　时　子　　　午　时　吉　水

意译：小水宫为廉贞星所值，申时、子时、午时，吉。

水字：亠　キ　工　𠆢　〇　弓　平
音标：ɣa:i³³　ŋo³¹　xi⁵³　meu⁵³　wan¹³　si³¹　tɕat⁵⁵
直译：亥　午　巳　卯　日　时　吉
意译：亥日、午日、巳日、卯日，亥时、午时、巳时、卯时，吉。

水字：才　十　㣺　禾　〇　氺
音标：xjat⁵⁵　sop³²　tɕui³⁵　mi⁵⁵　wan¹³　sui³³
直译：七　十　癸　未　日　水
意译：七月、十月的癸未日，吉。

水字：㳒　乙　禾　〇　氺
音标：ljok³²　jat⁵⁵　mi⁵⁵　wan¹³　sui³³
直译：六　乙　未　日　水
意译：六月乙未日，吉。

———————

① 攵工㣺𠂇，此四字为辅助读音，水字直译为"夏巳子棺"，然原文用汉字"门迋虽又卦"记音，故音义未知，待考。

水字： 十 㐂 龹 ○ 壬 龹 ○
　　　 壬 辰 ○ 辅 三 吉

音标：sop³² qeŋ¹³ jan³¹ wan¹³ ȵum³¹ jan³¹ wan¹³
　　　ȵum³¹ sən³¹ wan¹³ pu³¹ xa:m¹³ tɕat⁵⁵

直译： 十 庚 寅 日 壬 寅 日
　　　 壬 辰 日 辅 三 吉

意译：十月庚寅日、壬寅日、壬辰日，吉。

水字： 正 癸 卯 ○ 仪 酉 ○ 吉

音标：tsjeŋ¹³ tɕui³⁵ meu⁵³ wan¹³ xjan¹³ ju⁵³ wan¹³ tɕat⁵⁵

直译： 正 癸 卯 日 辛 酉 日 吉

意译：正月癸卯日、辛酉日，吉。

水字： 四 仪 丑 ○ 正 四 十 三
　　　 辅 方 吉

音标：xi³⁵ xjan¹³ su³³ wan¹³ tsjeŋ¹³ xi³⁵ sop³² xa:m¹³
　　　pu³¹ fa:ŋ¹³ tɕat⁵⁵

直译： 四 辛 丑 日 正 四 十 三
　　　 辅 方 吉

意译：四月辛丑日，正月、四月、十月，吉。

水字： 己 酉 ○ 丙 午 ○ 壬 午
　　　 ○ 三 伀 勿 方 㕻① 吉

---

① 㕻，此处名词动用，作安葬讲。

音标：tɕi¹³　ju⁵³　wan¹³　mu⁵⁵　xət⁵⁵　wan¹³　n̪um³¹　xət⁵⁵　wan¹³　xa:m¹³ljem³¹si³¹fa:ŋ¹³　xai³¹　tɕat⁵⁵

直译：己　酉　日　戊　戌　日　壬　戌　日　三　廉　时　方　棺　吉

意译：己酉日、戊戌日、壬戌日，符合"三个廉贞星"日课，安葬吉。

条目意译：

破军星所值的大火宫：

正月二月七月的辰、丑日安葬，如木生火，吉。

辰、丑吉日的亥、卯、未时吉。

辰、巳吉日的辰、巳时吉。

五月辛亥日，七月辛未日，十日辛未日，吉。

十二月辛未日，八月丁丑日，四月乙丑日，卯时，吉。

第六元甲子的癸卯日，未时，吉。

丙子日、丙寅日，丑时、寅时，凶。

犯五虎日，变成九穷时。若符合"三个贪狼星"的日课，也是吉利。

巨门星所值的小火宫：

寻找五行属土的日子。二月子日，三月四月亥、卯、未日。

正月子、午、丑日，吉。

辰、丑、亥、卯日，吉；辰、巳时，吉。

亥、卯、未日，吉。

第二元甲子的丑、午日，七月丁未日，八月丁丑日，丑未时。

第六元甲子的庚午日，再按"三个贪狼星"日课选择，吉利。

己丑日、己未日，丑时、寅时，凶。

以上日子为 mu^{55} muət^{35}（母殁）日，犯之死十一人，若还犯"三个破军星"的日课，大凶。

武曲星所值的大金宫为：

正月、八月、十月忌申日，犯之，凶煞危害到家门族下。

子日、午日、未日，酉时、戌时、寅时、卯时。

寅时、酉时、亥日、戌日、未日，吉。

十二月的庚申日、庚戌日。

三月、五月的辛亥日、戊戌日、戊午日，吉。

十月、七月的子日，凶；亥时、子时，凶。

二月五月八月十一月大吉。

禄存星所值的小金宫：

催官发财六十年。

寅时、酉时、亥时、戌时、卯时、午时，吉。

八月丁丑日吉。

四月乙丑日吉。

四月癸卯日吉。

正月癸酉日，未时，吉。

第一元甲子的丁卯日，星宿为壁水貐，吉。

甲寅日、甲戌日，亥时、子时，凶。

丁酉日、戊寅日，酉时。

犯五虎日会死两人。在二月、五月、八月、十一月，若符合"三个破军星"的口课，也是吉利。

贪狼星所值的大水宫：

福禄冠地方。

子日、丑日，吉。

亥日、午日、巳日、卯日、未时，吉。

第五元、第六元甲子的辛未日，未时、申时，吉。

七月乙未日，未时，吉。

十月辛未日吉。

七月辛未日吉。

四月辛丑日，辛丑时，丑（艮）方，吉。

十一月庚寅日、壬寅日，吉。

七月己酉日，酉时、戌时，吉。若"三个贪狼星"日课搭配得不对，即变是五虎，要死三个人，凶。

廉贞星所值的小水宫：

申时、子时、午时，吉。

己酉日、戊戌日、壬戌日，符合"三个廉贞星"日课，安葬吉。

七月、十月的癸未日，吉。

六月乙未日，吉。

十月庚寅日、壬寅日、壬辰日，吉。

正月癸卯日、辛酉日，吉。

四月辛丑日，正月、四月、十月，吉。

亥日、午日、巳日、卯日，亥时、午时、巳时、卯时，吉。

注释：

本条目按六宫来选择入殓吉日吉时。

六宫（二）
ljok⁴² tɕoŋ¹³

水字： 兀 氺 ‖ ㇄ 氺 彐 ╫
　　　 ㄜ ㇇ 丅 〇 玊

音标： tai⁵⁵　fa³³　phuə³⁵　tsəŋ¹³　xeu³³　fa³³　tɕu³¹　mən³¹
　　　 jan¹³　ŋo³¹　xət⁵⁵　wan¹³　tɕat⁵⁵

直译： 大　火　破　军　小　火　巨　门
　　　 寅　午　戌　日　吉

意译： 破军星所值的大火宫，巨门星所值的小火宫，寅日、午日、戌日，吉。

水字： 工 四 寸 十 下

音标： tsjeŋ¹³　xi³⁵　xjat⁵⁵　sop³²　sjeŋ⁵⁵

直译： 正　四　七　十　显

意译： 正月、四月、七月、十月。

水字： 氽 ⺈ 〇 丆 禾 〇 ⸒
　　　 玊 ⺈ 辰 歹

音标： tɕui³⁵　meu⁵³　wan¹³　jat⁵⁵　mi⁵⁵　wan¹³　pjek⁵⁵sui³³ɕi¹³
　　　 tɕat⁵⁵　meu⁵³　sən³¹　si³¹

直译： 癸　卯　日　乙　未　日　壁　水　貐
　　　 吉　卯　辰　时

意译： 正月、四月、七月、十月，癸卯日、乙未日，星宿为壁水貐，吉；卯时、辰时，吉。

水字：（水文字符号）

音标：mu⁵⁵　ŋo³¹　wan¹³　tɕi¹³　mi⁵⁵　wan¹³　pjeŋ³³
　　　jan³¹　tjeŋ¹³　meu⁵³　wan¹³　xai³¹　ɕoŋ¹³

直译：戊　午　日　己　未　日　丙
　　　寅　丁　卯　日　棺　凶

意译：正月、四月、七月、十月，戊午日、己未日、丙寅日、丁卯日安葬凶。

（下面（水文字符号）一段为原文缺漏）

水字：（水文字符号）

音标：tai⁵⁵　tɕum¹³　xu⁵³ thok³²　xeu³³　tɕum¹³　ljok³² xən³¹
　　　xi⁵³　ju⁵³　su³³　wan¹³　tɕat⁵⁵

直译：大　金　武　曲　小　金　禄　存
　　　巳　酉　丑　日　吉

意译：武曲星所值的大金宫，禄存星所值的小金宫，巳日、酉日、丑日，吉。

水字：（水文字符号）

音标：ȵi⁵⁵　ŋo⁵³　pet⁵³　sop³²　jat⁵⁵

直译：二　五　八　十　一

意译：二月、五月、八月、十一月。

水字：（水文字符号）

音标：ti⁵⁵ ŋo⁵³ tjeŋ¹³ mi⁵⁵ xjan¹³ su³³ ɣa:i³³ wan¹³
　　　tai⁵⁵ tɕat⁵⁵

直译：第　五　丁　未　辛　丑　亥　日
　　　大　吉

意译：二月、五月、八月、十一月，第五元甲子的丁未日、
　　　辛丑日、辛亥日，大吉。

水字：甲　亥　丁　五　金　叉　壬
　　　先　癸　卯　金　叉

音标：tɕa:p³⁵ xi³³ jat⁵⁵ su³³ tɕum¹³ ɕoŋ¹³ n̠um³¹
　　　jan³¹ tɕui⁵³ meu⁵³ tɕum¹³ ɕoŋ¹³

直译：甲　子　乙　丑　金　凶　壬
　　　寅　癸　卯　金　凶

意译：二月、五月、八月、十一月，五行属金的甲子日、乙
　　　丑日、壬寅日、癸卯日，凶。

水字：兀　亦　井　乀　亦　仌
　　　申　亥　辰　○　平

音标：tai⁵⁵ sui³³ tha:m³³ la:ŋ⁵⁵ xeu³³ sui³³ ljem³¹ khiŋ³⁵
　　　sən¹³ xi³³ sən³¹ wan¹³ tɕat⁵⁵

直译：大　水　贪　狼　小　水　廉　贞
　　　申　子　辰　日　吉

意译：贪狼星所值的大水宫，廉贞星所值的小水宫，申日、
　　　子日、辰日，吉。

水字：三　允　六　十　二

音标：xa:m¹³　ljok³²　tɕu³³　sop³²　n̠i⁵⁵
直译：三　　六　　九　　十　　二
意译：三月、六月、九月、十二月。

水字：壬　申　○　癸　酉　○　丙
　　　辰　○　丁　丑　㒼水①　乂

音标：n̠um³¹　sən¹³　wan¹³　tɕui³⁵　ju⁵³　wan¹³　pjeŋ³³
　　　sən³¹　wan¹³　tjeŋ¹³　su³³　kən³⁵sui³³jən⁵³　ɕoŋ¹³

直译：壬　申　日　癸　酉　日　丙
　　　辰　日　丁　丑　㐱　水　蚓　凶

意译：三月、六月、九月、十二月，壬申日、癸酉日、丙辰日、丁丑日，星宿为㐱水蚓，凶。

条目意译：

　　破军星所值的大火宫，巨门星所值的小火宫，寅日、午日、戌日，吉。正月、四月、七月、十月，癸卯日、乙未日，星宿为壁水貐，吉；卯时、辰时，吉。戊午日、己未日、丙寅日、丁卯日安葬凶。

　　武曲星所值的大金宫，禄存星所值的小金宫，巳日、酉日、丑日，吉。二月、五月、八月、十一月，第五元甲子的丁未日、辛丑日、辛亥日，大吉。五行属金的甲子日、乙丑日、壬寅日、癸卯日，凶。

　　贪狼星所值的大水宫，廉贞星所值的小水宫，申日、子日、辰日，吉。三月、六月、九月、十二月，壬申日、癸酉

---

① 㐱水蚓为㐱水蚓，不可分开来解，下同。

日、丙辰日、丁丑日，星宿为轸水蚓，凶。

注释：

　　本条目应用于入殓、安葬的择吉避凶。"武曲星所值的大金宫，禄存星所值的小金宫"一段原文缺漏，此系著者依家乘本校补。

六宫（三）
ljok⁴² tɕoŋ¹³

水字： 兀　 氺　　　 卝
音标：tai⁵⁵　　fa³³　　phuə³⁵ tsəŋ¹³
直译：大　　 火　　 破　 军
意译：破军星所值的大火宫。

水字： （略）
音标：ti⁵⁵　jat⁵⁵　n̠um³¹　sən³¹　wan¹³　qeŋ¹³　xət⁵⁵
　　　wan¹³　su³³　mi⁵⁵　si³¹　tɕat⁵⁵
直译：第　一　壬　辰　日　庚　戌
　　　日　丑　未　时　吉
意译：破军星所值的大火宫，第一元甲子的壬辰日、庚戌日、丑时、未时，吉。

水字： （略）
音标：pjeŋ³³　jan³¹　wan¹³　tjeŋ¹³　meu⁵³　wan¹³　jat⁵⁵　ju⁵³　wan¹³
直译：丙　寅　日　丁　卯　日　乙　酉　日
意译：破军星所值的大火宫，丙寅日、丁卯日、乙酉日，凶。

水字： （略）
音标：qeŋ¹³　ŋo³¹　wan¹³　mu⁵⁵　ŋo³¹　wan¹³　mu⁵⁵　xi³³　wan¹³
　　　tɕi¹³　su³³　wan¹³　n̠um³¹　jan³¹　si³¹

二、水书正文译注　83

直译：庚　午　日　戊　午　日　戊　子　日
　　　己　丑　日　壬　寅　时
意译：破军星所值的大火宫，庚午日、戊午日、戊子日、己
　　　丑日，壬寅时，凶。

水字：㊀　　　㊁　　壬　　㊂　　〇　　三　　四
　　　㊃①　　㊄　　　　　㊅　　　㊆
音标：tsjeŋ¹³　su³³　n̪um³¹　xi³³　wan¹³　xa:m¹³　xi³⁵
　　　ŋo⁵³　　tsek³² tu⁵³　　xai³¹　çoŋ¹³
直译：正　　丑　　壬　　子　　日　　三　　四
　　　五　　则　　斗　　　　　棺　　凶
意译：破军星所值的大火宫，正月的丑日、壬子日，凶。三
　　　月、四月、五月，犯则斗，死人，凶。

条目意译：
　　破军星所值的大火宫：
　　第一元甲子的壬辰日、庚戌日，丑时、未时，吉。
　　三月、四月、五月，丙寅日、丁卯日、乙酉日，庚午
日、戊午日、戊子日、己丑日，壬寅时，凶。
　　正月，丑日、壬子日，凶。

水字：㊇　　　㊈　　㊉　　㊊
音标：xeu³³　fa³³　tçu³¹　mən³¹

---

① 三四㊃，此为月份，按常规应前置，此处却倒置。本条目与此类似，
　下同。

直译：小　　火　　巨　　门

意译：巨门星所值小火宫。

水字：（水字符号）

音标：ti⁶⁶　n̠i⁵⁵　pjeŋ³³　xi³³　wan¹³　tjeŋ¹³　su³³　wan¹³
　　　pjeŋ³³　sən³¹　wan¹³　xi³³　su³³　si³¹

直译：第　　二　　丙　　子　　日　　丁　　丑　　日
　　　丙　　辰　　日　　子　　丑　　时

意译：巨门星所值小火宫，第二元甲子的丙子日、丁丑日、
　　　丙辰日，子时、丑时，吉。

水字：（水字符号）

音标：ɣa:i³³　meu⁵³　tha:m¹³　si³¹　tɕat⁵⁵

直译：亥　　卯　　贪　　时　　吉

意译：巨门星所值小火宫，第二元甲子的丙子日、丁丑日、
　　　丙辰日，子时、丑时、亥时、卯时，又遇贪狼星
　　　时，吉。

水字：（水字符号）

音标：mu⁵⁵　xi³³　wan¹³　tɕi¹³　su³³　wan¹³　tɕi¹³　mi⁵⁵　wan¹³

直译：戊　　子　　日　　己　　丑　　日　　己　　未　　日

意译：巨门星所值小火宫，戊子日、己丑日、己未日，凶。

水字：（水字符号）

二、水书正文译注　85

音标：qeŋ¹³　jan³¹　wan¹³　xjan¹³　meu⁵³　wan¹³　tɕui³⁵
　　　meu⁵³　çoŋ¹³
直译：庚　　寅　　日　　辛　　卯　　日　　癸
　　　卯　　凶
意译：巨门星所值小火宫，庚寅日、辛卯日、癸卯日，凶。

水字：四　申　禾　七　十　八　六　十①　又
音标：xi³⁵　sən¹³　mi⁵⁵　ŋo⁵³　xjat⁵⁵　pet³²　tɕu³³　sop³²　çoŋ¹³
直译：四　申　未　五　七　八　九　十　凶
意译：巨门星所值小火宫，四月申日、未日，凶。
　　　五月、七月、八月、九月、十月，凶。

条目意译：

巨门星所值小火宫：

第二元甲子的丙子日、丁丑日、丙辰日，子时、丑时、亥时，卯时，又遇贪狼星时，吉。

五月、七月、八月、九月、十月，戊子日、己丑日、己未日，庚寅日、辛卯日、癸卯日，凶。

四月，申日、未日，凶。

水字：兀　　拿　　　　庆
音标：tai⁵⁵　tɕum¹³　　xu⁵³　thok³²
直译：大　　金　　　武　　曲
意译：武曲星所值的大金宫。

---

① 七十八六十，此系月份，按常规应前置，此处却倒置。

水字：𛰃 ※ ⼄ 𛱠 ○ 丅 ⼯ ○
　　　 𛰏 𛱚 ○ ⼩ 𛱟 𛱡

音标：ti⁵⁵　ljok³²　jat⁵⁵　ju⁵³　wan¹³　tjeŋ¹³　xi⁵³　wan¹³
　　　tɕui³⁵　su³³　wan¹³　meu⁵³　si³¹　tɕat⁵⁵

直译：第　六　乙　酉　日　丁　巳　日
　　　癸　丑　日　卯　时　吉

意译：武曲星所值的大金宫，第六元甲子的乙酉日、丁巳日、癸丑日，卯时，吉。

水字：𛰃 四 壬 ⼿ ○ 𛰏 禾 ○
　　　𛱠 丅 𛱟 𛱡

音标：ti⁵⁵　xi³⁵　n̠um³¹　ŋo³¹　wan¹³　tɕui³⁵　mi⁵⁵　wan¹³
　　　ju⁵³　xət⁵⁵　si³¹　tɕat⁵⁵

直译：第　四　壬　午　日　癸　未　日
　　　酉　戌　时　吉

意译：武曲星所值的大金宫，第四元甲子的壬午日、癸未日，酉时、戌时，吉。

水字：𛰃 ⼇ 𛱤 𛰟 ○ 𛱤 ⼿ ○ 𛰞

音标：ti⁵⁵　xjat⁵⁵　mu⁵⁵　xi³³　wan¹³　mu⁵⁵　ŋo³¹　wan¹³　ɕoŋ¹³

直译：第　七　戊　子　日　戊　午　日　凶

意译：武曲星所值的大金宫，第七元甲子的戊子日、戊午日，凶。

水字：𛰃 𛱥 ⼄ 𛱚 ○ 丅 ⼩ ○ 𛰞

二、水书正文译注　　87

音标：ti⁵⁵ ljok³² jat⁵⁵ su³³ wan¹³ tjeŋ¹³ meu⁵³ wan¹³ çoŋ¹³
直译：第　六　乙　丑　日　丁　卯　日　凶
意译：武曲星所值的大金宫，第六元甲子的乙丑日、丁卯日，凶。

水字：（水字符号）

音标：pjeŋ³³ ŋo³¹ wan¹³ tjeŋ¹³ ju⁵³ wan¹³ ɣa:i³³ xi³³ si³¹ xai³¹ çoŋ¹³
直译：丙　午　日　丁　酉　日　亥　子　时　棺　凶
意译：武曲星所值的大金宫，丙午日、丁酉日，亥时、子时，死人，凶。

条目意译：

武曲星所值的大金宫：
第六元甲子的乙酉日、丁巳日、癸丑日，卯时，吉。
第四元甲子的壬午日、癸未日，酉时、戌时，吉。
第七元甲子的戊子日、戊午日，凶。
第六元甲子的乙丑日、丁卯日，凶。
丙午日、丁酉日，亥时、子时，死人，凶。

水字：（水字符号）

音标：xeu³³　tɕum¹³　ljok³² xən³¹
直译：小　　　金　　　禄　存
意译：禄存星所值的小金宫。

水字： 三　癸　酉　O　甲　午　O　乙
　　　 禾　O　丁　巳　O　巳　午　禾
　　　 彡　平

音标： xa:m¹³　tɕui³⁵　ju⁵³　wan¹³　tɕa:p³⁵　ŋo³¹　wan¹³　jat⁵⁵
　　　 mi⁵⁵　wan¹³　tjeŋ¹³　xi⁵³　wan¹³　xi⁵³　ŋo³¹　mi⁵⁵
　　　 si³¹　tɕat⁵⁵

直译： 三　癸　酉　日　甲　午　日　乙
　　　 未　日　丁　巳　日　巳　午　未
　　　 时　吉

意译： 禄存星所值的小金宫，三月的癸酉日、甲午日、乙未日、丁巳日，巳时、午时、未时，吉。

水字： 出　三　伙　禾　O　辛　申　O
　　　 乙　巳　O　丁　亥　O

音标： ti⁵⁵　xa:m¹³　xjan¹³　mi⁵⁵　wan¹³　pjeŋ³³　sən¹³　wan¹³
　　　 jat⁵⁵　xi⁵³　wan¹³　tjeŋ¹³　ɣa:i³³　wan¹³

直译： 第　三　辛　未　日　丙　申　日
　　　 乙　巳　日　丁　亥　日

意译： 禄存星所值的小金宫，第三元甲子的辛未日、丙申日、乙巳日、丁亥日。

水字： 甲　下　O　甲　先　O　辛　玄
　　　 彡　屮　又

音标： tɕa:p³⁵　xət⁵⁵　wan¹³　tɕa:p³⁵　jan³¹　wan¹³　ɣa:i³³　xi³³
　　　 si³¹　xai³¹　ɕoŋ¹³

二、水书正文译注　　89

直译：甲　戌　日　甲　寅　日　亥　子
　　　时　棺　凶
意译：禄存星所值的小金宫，第三元甲子的甲戌日、甲寅
　　　日，亥时、子时，死人，凶。

条目意译：

　　禄存星所值的小金宫：

　　三月的癸酉日、甲午日、乙未日、丁巳日，巳时、午时、未时，吉。

　　第三元甲子的辛未日、丙申日、乙巳日、丁亥日、甲戌日、甲寅日，亥时、子时，死人，凶。

水字：兀　氺　　　井
音标：tai^{55}　sui^{33}　tha:m^{33} la:ŋ^{55}
直译：大　水　贪　狼
意译：贪狼星所值的大水宫。

水字：
音标：ti^{55} ŋo^{53} jat^{55}　mi^{55}　wan^{13}　sui^{33}　jat^{55}　su^{33}　wan^{13}
　　　kən^{35}sui^{33}jən^{53}　sən^{13}　jan^{31}　　si^{31}　tɕat^{55}
直译：第　五　乙　未　日　　水　乙　丑　日
　　　轸　水　蚓　申　寅　　时　　　吉
意译：贪狼星所值的大水宫，第五元甲子的乙未日、乙丑日，且星宿为轸水蚓，申时、寅时，吉。

水字：〔水字符号〕

音标：ti⁵⁵   ŋo⁵³   tjeŋ¹³   ju⁵³   wan¹³   tɕi¹³   ju⁵³   wan¹³
　　　pjeŋ³³   xət⁵⁵   wan¹³   tɕui³⁵   meu⁵³   wan¹³   ɕoŋ¹³

直译：第　　五　　丁　　酉　　日　　己　　酉　　日
　　　丙　　戌　　日　　癸　　卯　　日　　凶

意译：贪狼星所值的大水宫，第五元甲子的丁酉日、己酉日、丙戌日、癸卯日，凶。

水字：〔水字符号〕

音标：tjeŋ¹³   ɣa:i³³   wan¹³   tjeŋ¹³   mi⁵⁵   wan¹³   xai³¹   ɕoŋ¹³

直译：丁　　亥　　日　　丁　　未　　日　　棺　　凶

意译：贪狼星所值的大水宫，第五元甲子的丁亥日、丁未日，死人，凶。

条目意译：

　　贪狼星所值的大水宫：

　　第五元甲子的乙未日、乙丑日，且星宿为轸水蚓，申时、寅时，吉。

　　第五元甲子的丁酉日、己酉日、丙戌日、癸卯日、丁亥日、丁未日，死人，凶。

水字：〔水字符号〕

音标：xeu³³   sui³³   ljem³¹ khiŋ³⁵

直译：小　　水　　廉　　贞

意译：廉贞星所值的小水宫。

二、水书正文译注　91

水字：凷 四 仅 丑 ○ 禾 禾 ○
　　　丑 禾 禾 歹 乎

音标：ti⁵⁵　xi³⁵　xjan¹³　su³³　wan¹³　qeŋ¹³　sən³¹　wan¹³
　　　su³³　sən³¹　mi⁵⁵　si³¹　tɕat⁵⁵

直译：第　四　辛　丑　日　庚　辰　日
　　　丑　辰　未　时　吉

意译：廉贞星所值的小水宫，第四元甲子的辛丑日、庚辰日，丑时、辰时、未时，吉。

水字：艹 下 ○ 壬 下 ○ 氺 ⩟
　　　○ 氺

音标：mu⁵⁵　xət⁵⁵　wan¹³　n̠um³¹　xət⁵⁵　wan¹³　tɕui³⁵　meu⁵³
　　　wan¹³　sui³³

直译：戊　戌　日　壬　戌　日　癸　卯
　　　日　水

意译：廉贞星所值的小水宫，戊戌日、壬戌日、癸卯日三个五行属水的日子，凶。

水字：禾 丯 ○ 下 丑 ○ 乛 ⩟
　　　凶 又

音标：qeŋ¹³　ŋo³¹　wan¹³　tjeŋ¹³　su³³　wan¹³　jat⁵⁵　meu⁵³
　　　xai³¹　ɕoŋ¹³

直译：庚　午　日　丁　丑　日　乙　卯
　　　棺　凶

意译：廉贞星所值的小水宫，庚午日、丁丑日、乙卯日，死人，凶。

条目意译：

廉贞星所值的小水宫：

第四元甲子的辛丑日、庚辰日，丑时、辰时、未时，吉。

戊戌日、壬戌日、癸卯日、庚午日、丁丑日、乙卯日，凶。

注释：

本条目按六宫指出安葬择日宜忌。

六 宫 吉 宿
ljok⁴² tɕoŋ¹³tɕom³¹tɕat⁵⁵

水字： 兀　氺　　　丼

音标： tai⁵⁵　　fa³³　　phuə³⁵ tsəŋ¹³

直译： 大　　火　　破　　军

意译： 破军星所值的大火宫。

水字： 出　一　𠃍　禾　○　　𠂇氺　㐅
　　　　言氺①

音标： ti⁵⁵　jat⁵⁵　jat⁵⁵　mi⁵⁵　wan¹³　pjek⁵⁵sui³³ɕi¹³　tɕui³⁵
　　　　ɣa:i³³　sui³³

直译： 第　一　乙　未　日　　壁水貐　癸
　　　未　水

意译： 破军星所值的大火宫，第一元甲子的乙未日、癸未日，星宿为壁水貐。

水字： 𠃍　丑　○　　𠂇　壬　朲　○
　　　 ㄓ②　　坓　吉

音标： jat⁵⁵　su³³　wan¹³　nju⁵³n̠ot³²ʔin³⁵　n̠um³¹　sən³¹　wan¹³
　　　 su³³n̠ot³²su³³　pu³¹　tɕat⁵⁵

直译： 乙　丑　日　危　月　燕　壬　辰　日
　　　 虚　日　鼠　辅　吉

―――――――

① 此水字表示壁水貐。
② 此星宿应为虚日鼠，原文误为奎木狼。

意译：破军星所值的大火宫，星宿为危月燕的乙丑日，星宿为虚日鼠的壬辰日，吉。

水字：　〰　　水　　Ʒ　　非
音标：xeu^{33}　　fa^{33}　　tɕu^{31}　　mən^{31}
直译：小　　　火　　　巨　　　门
意译：巨门星所值的小火宫。

水字：出　二　己　卯　O　亢　壬
　　　辰　O　奎　　　乙　禾　O
　　　　　　昴　日
音标：ti^{55}　ȵi^{55}　tɕi^{13}　meu^{53}　wan^{13}　qan^{35}tɕum^{13}ljoŋ^{31}　ȵum^{31}
　　　sən^{31}　wan^{13}　khui^{13}mok^{32} la:ŋ^{55}　jat^{55}　mi^{55}　wan^{13}
　　　ŋa^{31}nət^{32}tɕi^{13}　tɕat^{55}
直译：第　　二　　己　　卯　　日　　亢金龙　　壬
　　　辰　　日　　奎木狼　　　乙　　未　　日
　　　昴　日　　鸡　　吉。
意译：巨门星所值的小火宫，第二元甲子星宿为亢金龙的己卯日、星宿为奎木狼的壬辰日、星宿为昴日鸡的乙未日，吉。

水字：兀　　金　　武
音标：tai^{55}　　tɕum^{13}　　xu^{53} thok^{32}
直译：大　　　金　　　武　曲
意译：武曲星所值的大金宫。

二、水书正文译注　　95

水字：𛰁 ※ ㄡ 𠂇 ○ 𠃌
音标：ti⁵⁵　ljok³²　tɕui³⁵　ju⁵³　wan¹³　nju⁵³n̠ot³²ʔin³⁵
直译：第　六　癸　酉　日　危月燕
意译：武曲星所值的大金宫，第六元甲子星宿为危月燕的癸酉日。

水字：𛰁 三 𠂊 𠄎 ○ 〜 氺
音标：ti⁵⁵　xa:m¹³　xjan¹³　su³³　wan¹³　kən³⁵sui³³jən⁵³
直译：第　三　辛　丑　日　轸水蚓
意译：武曲星所值的大金宫，第三元甲子星宿为轸水蚓的辛丑日。

水字：𛰁 𠂉 ㄡ 禾 ○ 𠍺 𠃍
　　　㐃 ○　　　　　氺① 𪰦 𠀟
音标：ti⁵⁵　ŋo⁵³　tɕui³⁵　mi⁵⁵　wan¹³　ŋa³¹n̠ət³²tɕi¹³　jat⁵⁵
　　　ɣa:i³³ wan¹³（nju⁵³thu³³fok³²）sui³³　pu³¹　tɕat⁵⁵
直译：第　五　癸　未　日　　昴日鸡　乙
　　　亥　日　　　　　　　　水　辅　吉
意译：武曲星所值的大金宫，第五元甲子星宿为昴日鸡的癸未日、星宿为女土蝠的乙亥日，吉。

水字：〜 ✦ ※
音标：xeu³³　tɕum¹³　ljok³² xən³¹
直译：小　金　禄　存

———
① 此字应为"火"，因为第五元甲子的乙亥日，五行属火，星宿为女土蝠。

意译：禄存星所值的小金宫。

水字：𠀓 三 癸 酉 ○ 日 轸水

音标：ti⁵⁵　xa:m¹³　tɕui³⁵　ju⁵³　wan¹³　kən³⁵sui³³jən⁵³

直译：第　三　癸　酉　日　轸水蚓

意译：禄存星所值的小金宫，第三元甲子星宿为轸水蚓的癸酉日。

水字：𠀓 三 卯 辛 ○ 昴 日　鸡
　　　辛 ○ 乙㊀ 卯 乙 ○
　　　轸 水 吉

音标：ti⁵⁵　xa:m¹³　xjan¹³　meu⁵³　wan¹³　ŋa³¹ȵət³²tɕi¹³　jat⁵⁵
　　　meu⁵³　wan¹³　pjek⁵⁵sui³³ɕi¹³　xjan¹³　su³³　wan¹³
　　　kən³⁵sui³³jən⁵³　tɕat⁵⁵

直译：第 三 辛 卯 日　昴日鸡　乙 卯 日　壁水貐
　　　辛 丑 日 轸 水　蚓 吉

意译：禄存星所值的小金宫，第三元甲子星宿为昴日鸡的辛卯日、星宿为壁水貐的乙卯日、星宿为轸水蚓的辛丑日，吉。

水字：大 水 贪狼

音标：tai⁵⁵　sui³³　tha:m³³ la:ŋ⁵⁵

直译：大　水　贪 狼

意译：贪狼星所值的大水宫。

---

① 𧶠水，为壁水貐，不可分开来解。

二、水书正文译注　97

水字：凵　毛　𠃌　王　○　〜〜水
音标：ti⁵⁵　ŋo⁵³　jat⁵⁵　su³³　wan¹³　kən³⁵sui³³jən⁵³
直译：第　五　乙　丑　日　轸水蚓
意译：贪狼星所值的大水宫，第五元甲子星宿为轸水蚓的乙丑日。

水字：凵　毛　𠃌　𠃍　○①
　　　禾　禾　○　⊚
音标：ti⁵⁵　ŋo⁵³　tɕi¹³　ju⁵³　wan¹³　(loi³¹tɕum¹³qau³³)
　　　qeŋ¹³　sən³¹　wan¹³　khui¹³mok³²la:ŋ⁵⁵
直译：第　五　己　酉　日　（娄金狗）
　　　庚　辰　日　奎　木　狼
意译：贪狼星所值的大水宫，第五元甲子星宿为娄金狗的己酉日、星宿为奎木狼的庚辰日。

水字：凵　毛　⺍　𠃍　○　✕
音标：ti⁵⁵　ŋo⁵³　tɕui³⁵　ju⁵³　wan¹³　thu³⁵mok³²ha:i³⁵
直译：第　五　癸　酉　日　斗　木　獬
意译：贪狼星所值的大水宫，第五元甲子星宿为斗木獬的癸酉日。

水字：𠃌　禾　凵　毛　🐉　平
音标：jat⁵⁵　mi⁵⁵　ti⁵⁵　ŋo⁵³　qan³⁵tɕum¹³ljoŋ³¹　tɕat⁵⁵

———

① 此字之后脱"娄金狗"宿。

直译：乙　未　第　五　亢　金　龙　　吉

意译：贪狼星所值的大水宫，第五元甲子星宿为亢金龙的乙未日，吉。

水字：⊃　氷　ㄑ

音标：xeu³³　sui³³　ljem³¹ khiŋ³⁵

直译：小　水　廉　贞

意译：廉贞星所值的小水宫。

水字：卅　四　癸　禾　○　　氷①　甲
　　　申　○　　　⊛

音标：ti⁵⁵　xi³⁵　tɕui³⁵　mi⁵⁵　wan¹³　pjek⁵⁵sui³³ɕi¹³　tɕa:p³⁵
　　　sən¹³ wan¹³ khui¹³mok³² la:ŋ⁵⁵

直译：第　四　癸　未　日　　壁　水　貐　甲
　　　申　日　奎　木　狼

意译：廉贞星所值的小水宫，第四元甲子星宿为壁水貐的癸未日、星宿为奎木狼的甲申日。

水字：卅　四　仪　辛　○　　氷②　甲
　　　キ　○　　　䒑

音标：ti⁵⁵　xi³⁵　xjan¹³　ɣa:i³³　wan¹³　pjek⁵⁵sui³³ɕi¹³　tɕa:p³⁵
　　　ŋo³¹ wan¹³ ɕa:ŋ¹³ȵot³² ma⁵³ tɕat⁵⁵

直译：第　四　辛　亥　　日　壁　水　貐　甲

---

① 此水字表示壁水貐宿。
② 此水字表示壁水貐宿。

　　　　午　日　星　日　马　吉

意译：廉贞星所值的小水宫，第四元甲子星宿为壁水貐的辛亥日、星宿为星日马的甲午日，吉。

条目意译：

　　大火破军宫，第一元甲子的乙未日壁水貐宿、癸未日壁水貐宿、乙丑日危月燕宿、壬辰日虚日鼠宿，吉。

　　小火巨门宫，第二元甲子的己卯日亢金龙宿、壬辰日奎木狼宿、乙未日昴日鸡宿，吉。

　　大金武曲宫，第六元甲子的癸酉日危月燕宿，第三元甲子的辛丑日轸水蚓宿，第五元甲子的癸未日昴日鸡宿、乙亥日女土蝠宿，吉。

　　小金禄存宫，第三元甲子的癸酉日轸水蚓宿、辛卯日昴日鸡宿、乙卯日壁水貐宿、辛丑日轸水蚓宿，吉。

　　大水贪狼宫，第五元甲子的乙丑日轸水蚓、己酉日娄金狗宿、庚辰日奎木狼宿、癸酉日斗木獬宿、乙未日亢金龙宿，吉。

　　小水廉贞宫，第四元甲子的癸未日壁水貐宿、甲申日奎木狼宿、辛亥日壁水貐宿、甲午日星日马宿，吉。

注释：

　　本条目按六宫结合元数，依吉利星宿选择最佳日辰。

六宫吉日吉时

tɕoŋ¹³tɕat⁵⁵wan¹³ si³¹

水字：　兀　 𗂽①　　　　　召　〇　彡

音标：　tai⁵⁵　　fa³³　　phuə³⁵ tsəŋ¹³　　ju⁵³　　wan¹³　　si³¹

直译：　大　　火　　（破军）　　酉　　日　　　时

意译：破军星所值的大火宫，酉日，酉时，吉。

水字：　乙　𗂽②　　　　下　〇　召　下　彡
　　　　望　三　乎

音标：　xeu³³　fa³³　tɕu³¹　mən³¹　xət⁵⁵　wan¹³　ju⁵³　xət⁵⁵　si³¹
　　　　pu³¹　xa:m¹³　tɕat⁵⁵

直译：　小　　火　（巨门）　戌　　日　　酉　　戌　　时
　　　　辅　　三　　吉

意译：巨门星所值的小火宫，戌日，酉时、戌时，吉。

水字：　兀　全　　乐　先　召　〇　先　彡

音标：　tai⁵⁵　tɕum¹³　xu⁵³ ṭhok³²　jan³¹　ju⁵³　wan¹³　jan³¹　si³¹

直译：　大　金　武　曲　寅　酉　日　寅　时

意译：武曲星所值的大金宫，寅日、酉日，寅时，吉。

水字：　乙　全　　※　　◁　召　〇　◁
　　　　召　彡　乎

---

① 此字之后脱卝字。
② 此字之后脱𗂽卝二字。

音标：xeu³³　tɕum¹³　ljok³² xən³¹　meu⁵³　ju⁵³　wan¹³　meu⁵³
　　　ju⁵³　si³¹　tɕat⁵⁵
直译：小　　金　　禄　存　　卯　　酉　　日　　卯
　　　酉　　时　　吉
意译：禄存星所值的小金宫，卯日、酉日，卯时、酉时，吉。

水字：兀 氺　井　亞　禾　〇　亞
　　　禾　夛　圶
音标：tai⁵⁵　sui³³　tha:m³³ la:ŋ⁵⁵　su³³　mi⁵⁵　wan¹³　su³³
　　　mi⁵⁵　si³¹　tɕat⁵⁵
直译：大　　水　　贪　　狼　　丑　　未　　日　　丑
　　　未　　时　　吉
意译：贪狼星所值的大水宫，丑日、未日，丑时、未时，吉。

水字：乚 氺　㐅　亞　禾　〇　亞
　　　禾　夛　圶
音标：xeu³³　sui³³　ljem³¹ khiŋ³⁵　su³³　mi⁵⁵　wan¹³　su³³
　　　mi⁵⁵　si³¹　tɕat⁵⁵
直译：小　　水　　廉　　贞　　丑　　未　　日　　丑
　　　未　　时　　吉
意译：廉贞星所值的小水宫，丑日、未日，丑时、未时，吉。

条目意译：

　　大火破军宫酉日，酉时，吉。
　　小火巨门宫戌日，酉、戌时，吉。
　　大金武曲宫寅、酉日，寅时，吉。

小金禄存宫卯、酉日，卯、酉时，吉。
大水贪狼宫丑、未日，丑、未时，吉。
小水廉贞宫丑、未日，丑、未时，吉。

注释：

本条目按六宫选择吉日吉时，吉日用于安葬，吉时用于入殓和出柩。

六宫月忌
tɕoŋ¹³njen³¹

水字：ㄈ 十 ㄹ① 三 キ ○ ⊞ 乙
　　　　ㅌ 三② 又

音标：tsjeŋ¹³　xjat⁵⁵　tɕi⁵⁵　xi³³　ŋo³¹　wan¹³　phuə³⁵　foŋ³¹
　　　xai³¹　xa:m¹³　ɕoŋ¹³

直译：正　七　忌　子　午　日　破　逢
　　　棺　三　凶

意译：大火破军宫，正月七月忌子、午日，子、午时，犯者死第三子。

水字：二 八 ㄹ 亞 禾 ㄈ ヨ 又

音标：n̠i⁵⁵　pet⁵⁵　tɕi⁵⁵　su³³　mi⁵⁵　tsjeŋ¹³　tɕu³¹　ɕoŋ¹³

直译：二　八　忌　丑　未　正　巨　凶

意译：小火巨门宫，二月八月忌丑、未日，丑、未时，犯者死第三子。

水字：三 六 ㄹ 尤 申 ○ ⌒③ ㅌ 又

音标：xa:m¹³　tɕu³³　tɕi⁵⁵　jan³¹　sən¹³　wan¹³　jam³⁵　xai³¹　ɕoŋ¹³

直译：三　九　忌　寅　申　日　倾斜　棺　凶

---

① 此处水字 ㄹ（己）作"忌"讲，为辅助读音。本条目下同。
② 此处 三（三），指的是第三个男孩，即三子，民间称第三房。父母入殓时辰能够亏克房份，这是水书择吉观念的一个特别之处，故水书师在丧葬习俗时尤为注意，处理或解说不当极易造成家族不和，兄弟反目。
③ ⌒，译为 jam³⁵，即倾斜、晃荡的意思，表示已经死的这个人受到惊吓，由他或她的不安导致继续死人。下同。

意译：小金禄存宫，三月九月忌寅、申日，寅、申时，犯者死第二子。

水字：　四　十　卯　酉　文　门①　倾斜　水　凶

音标：　xi³⁵　sop³²　meu⁵³　ju⁵³　fan³¹　to¹³　jam³⁵　sui³³　çoŋ¹³

直译：　四　十　卯　酉　文　门　倾斜　水　凶

意译：小水廉贞宫，四月十月忌卯、酉日，卯、酉时，犯者死长子。

水字：　五　十　一　忌　辰　戌　日　廉②　棺　凶

音标：　ŋo⁵³　sop³²　jat⁵⁵　tçi⁵⁵　sən³¹　xət⁵⁵　wan¹³　ljem³¹　xai³¹　çoŋ¹³

直译：　五　十　一　忌　辰　戌　日　廉　棺　凶

意译：大水贪狼宫，五月十一月忌辰、戌日，辰、戌时，犯者死长子。

水字：　六　十　二　忌　巳　亥　日　xu　jam　xai　çoŋ

音标：　ljok³²　sop³²　ȵi⁵⁵　tçi⁵⁵　xi⁵³　ɣa:i³³　wan¹³　xu⁵³　jam³⁵　xai³¹　çoŋ¹³

直译：　六　十　二　忌　巳　亥　日

―――――――――

① 冂，译为 to¹³，是两扇无法关紧了的门，表示家庭门户已经无法抵御恶鬼的侵入。
② 此为水字"廉"，在此为水语 ljen³¹ 的记音符号，表示接连、连续的意思。

　　　　武　　倾斜　　棺　　凶

意译：大金禄存宫，六月十二月忌巳、亥日，巳、亥时，犯者第二子。

条目意译：

　　大火破军宫，正月七月忌子、午日，子、午时，犯者死第三子。

　　小火巨门宫，二月八月忌丑、未日，丑、未时，犯者死第三子。

　　大金禄存宫，六月十二月忌巳、亥日，巳、亥时，犯者死第二子。

　　小金禄存宫，三月九月忌寅、申日，寅、申时，犯者死第二子。

　　大水贪狼宫，五月十一月忌辰、戌日，辰、戌时，犯者死长子。

　　小水廉贞宫，四月十月忌卯、酉日，卯、酉时，犯者死长子。

注释：

　　本条目用于安葬，本条目在水书中较为特殊，与一般条目相比，除了克煞日时外，还特别讲到如果冲犯，会导致第几个男孩遭殃。父母入殓时辰能够亏克房份，这是水书择吉观念的一个特别之处，故水书师在丧葬习俗时尤为注意，处理或解说不当极易造成家族不和，兄弟反目。

地支日忌时
wan¹³ tɕi⁵⁵ si³¹

水字： 𘫿 〇 # 𘎌 𘫴
音标： xi³³　wan¹³　tha:m³³　si³¹　tɕi⁵⁵
直译： 子　　日　　贪　　　时　　忌
意译： 子日忌贪狼星所值的时辰。

水字： 𘫾 〇 ∃ 𘎌
音标： su³³　wan¹³　tɕu³¹　si³¹
直译： 丑　　日　　巨　　时
意译： 丑日忌巨门星所值的时辰。

水字： 𘫿 〇 ※ 𘎌
音标： jan³¹　wan¹³　ljok³²　si³¹
直译： 寅　　日　　禄　　时
意译： 寅日忌禄存星所值的时辰。

水字： △▽ 〇 𘎍 𘎌
音标： meu⁵³　wan¹³　fan³¹　si³¹
直译： 卯　　日　　文　　时
意译： 卯日忌文曲星所值的时辰。

水字： 𘫿 〇 𘎎 𘎌
音标： sən³¹　wan¹³　ljem³¹　si³¹
直译： 辰　　日　　廉　　时

二、水书正文译注　　107

意译：辰日忌廉贞星所值的时辰。

水字：　乙　　〇　　呎　　ㄢ
音标：xi^{53}　　wan^{13}　　xu^{53}　　si^{31}
直译：巳　　日　　武　　时
意译：巳日忌武曲星所值的时辰。

水字：　￠　　〇　　￥　　ㄢ
音标：ŋo^{31}　　wan^{13}　　phuə^{35}　　si^{31}
直译：午　　日　　破　　时
意译：午日忌破军星所值的时辰。

水字：　禾　　〇　　彐　　ㄢ
音标：mi^{55}　　wan^{13}　　tɕu^{31}　　si^{31}
直译：未　　日　　巨　　时
意译：未日忌巨门星所值的时辰。

水字：　申　　〇　　※　　ㄢ
音标：sən^{13}　　wan^{13}　　ljok^{32}　　si^{31}
直译：申　　日　　禄　　时
意译：申日忌禄存星所值的时辰。

水字：　酉　　〇　　𠃊　　ㄢ　　ㄴ　　⺌
音标：ju^{53}　　wan^{13}　　fan^{31}　　si^{31}　　jat^{55}　　xai^{31}
直译：酉　　日　　文　　时　　小　　棺
意译：酉日在文曲星所值的时辰入殓、安葬，死小孩。

水字：下 〇 ㄹ ㄍ ㄢ

音标：xət^{55}　wan^{13}　tɕi^{55}　ljem^{31}　si^{31}

直译：戌　　日　　忌　　廉　　时

意译：戌日忌廉贞星所值的时辰。

水字：亠 〇 尔 ㄢ ～ 屯 ⌇① 又

音标：ɣa:i^{33}　wan^{13}　xu^{53}　si^{31}　jam^{35}　tɕoŋ^{13}　xai^{31}　çoŋ^{13}

直译：亥　　日　　武　　时　　倾斜　仲　　骸　　凶

意译：亥日忌武曲星所值的时辰。

条目意译：

  子日忌贪狼星时，丑日忌巨门星时。

  寅日忌禄存星时，卯日忌文曲星时。

  辰日忌廉贞星时，巳日忌武曲星时。

  午日忌破军星时，未日忌巨门星时。

  申日忌禄存星时，酉日忌文曲星时。

  戌日忌廉贞星时，亥日忌武曲星时。

注释：

  入殓安葬应避忌，否则再死人。

---

① ⌇屯⌇，jam^{35} tɕoŋ^{13} xai^{31}，也说 joŋ^{35} tɕoŋ^{13} xai^{31}，即死去的人又受到惊吓，他或她又回到人间作祟，危害到其他亲人，导致连续死人。

日 日 守[①]

wan^{13} wan^{13} su^{33}

水字：〇　〇　丑[②]　㐺　㐺　兒

音标：wan^{13}　wan^{13}　su^{33}　la:k^{42} nda:i^{13}　la:k^{42} ȵan^{33}　la:k^{42} na:ŋ^{55}

直译：日　日　丑　孩子 好　孩子 聪明　孩子 蠢

意译：下文所列的日子忌入殓、安葬，否则恶鬼天天到家里守着，随时加害家里的孩子。这种恶鬼会在活蹦乱跳的孩子中加害那些聪明俊秀的孩子，而那些木呐愚蠢的孩子反而不遭威胁。

水字：正　二　丙　㐺　〇　☼[③]

音标：tsjeŋ^{13}　ȵi^{55}　pjeŋ^{33}　jan^{31}　wan^{13}　pjai^{31}

直译：正　二　丙　寅　日　白

意译：正月、二月忌丙寅日。

水字：三　四　己　卯　〇　☼

音标：xa:m^{13}　xi^{35}　tɕi^{13}　meu^{53}　wan^{13}　pjai^{31}

直译：三　四　己　卯　日　白

意译：三月、四月忌己卯日。

水字：毛　允　天　下　〇

---

① 本条目根据首句命名。
② 〇〇丑，为水语 wan^{13} wan^{13} su^{33} 的记音符号，即天天守着的意思。
③ ☼，此为水字"破"，在此作 pjai^{31} 讲，水语 pjai^{31} 没有对应的汉字，通常用汉字"白"来记录和翻译，此字在此表达的意思是已经死的人为圆圈，圆圈外的点表示后面还有人不断因他或她而死，如传染般导致接连死亡的恶性循环。

音标：ŋo⁵³　　ljok³²　qeŋ¹³　xət⁵⁵　wan¹³
直译：五　　　六　　　庚　　　戌　　　日
意译：五月、六月忌庚戌日。

水字：[符] [符] [符] [符] [符]
音标：xjat⁵⁵　pet⁵⁵　tɕui³⁵　xi⁵³　wan¹³
直译：七　　　八　　　癸　　　巳　　　日
意译：七月、八月忌癸巳日。

水字：[符] [符] [符] [符] [符] [符] [符] [符] [符]
音标：tɕu³³　sop³²　tɕa:p⁵⁵　xət⁵⁵　wan¹³　qeŋ¹³　sən³¹　wan¹³　pjai³¹
直译：九　　十　　　甲　　　戌　　　日　　　庚　　　辰　　　日　　　白
意译：九月、十月忌甲戌日、庚辰日。

水字：[符] [符] [符] [符] [符] [符]
音标：sop³²　jat⁵⁵　tɕi¹³　su³³　wan¹³　pjai³¹
直译：十　　　一　　　己　　　丑　　　日　　　白
意译：十一月忌己丑日。

水字：[符] [符] [符] [符] [符] [符] [符] [符]
音标：sop³²　ȵi⁵⁵　tjeŋ¹³　mi⁵⁵　wan¹³　pjai³¹　xai³¹　ɕoŋ¹³
直译：十　　　二　　　丁　　　未　　　日　　　白　　　棺　　　凶
意译：十二月忌丁未日。

条目意译：

　　正月二月忌丙寅日，三月四月忌己卯日；

五月六月忌庚戌日，七月八月忌癸巳日；

九月十月忌甲戌日、庚辰日；

十一月忌己丑日，十二月忌丁未日。

注释：

本条目安葬忌日，否则死聪明灵活的孩子。

八宫忌（一）
pet³⁵ san¹³

水字：𡘾 𰀁 𡙳 工 十

音标：xi³³   ŋo³¹   mbe¹³   tsjeŋ¹³   xjat⁵⁵

直译：子　　午　　年　　　正　　　七

意译：子年、午年的正月、七月。

水字：囝　𠂉　𡘾　〇　禾　𡘾　〇　☀

音标：qha:m³³ sa:n¹³ tɕa:p³² xi³³ wan¹³ qeŋ¹³ xi³³ wan¹³ pjai³¹

直译：坎　山　甲　子　日　庚　子
　　　日　白

意译：子年、午年的正月、七月，坎宫忌甲子日、庚子日。

水字：𡘾 禾 𡙳 二 八

音标：su³³   mi⁵⁵   mbe¹³   ȵi⁵⁵   pet⁵⁵

直译：丑　　未　　年　　二　　八

意译：丑年、未年的二月、八月。

水字：禾　ㄉ　光　〇　禾　光　〇　☀

音标：fen¹³ sa:n¹³ pjeŋ³³ jan³¹ wan¹³ qeŋ¹³ jan³¹ wan¹³ pjai³¹

直译：坤　山　丙　寅　日　庚　寅　日　白

意译：丑年、未年的二月、八月，坤宫忌丙寅日、庚寅日。

二、水书正文译注　　113

水字：　〔符号〕　〔符号〕　〔符号〕　四　十
音标：meu^{53}　ju^{53}　mbe^{13}　xi^{35}　sop^{32}
直译：卯　　酉　　年　　四　　十
意译：卯年、酉年的四月、十月。

水字：　〔符号〕　〔符号〕　〔符号〕　〔符号〕　〔符号〕　〔符号〕　〔符号〕　〔符号〕
音标：li^{31} sa:n^{13}　tɕui^{35}　xi^{53}　wan^{13}　qeŋ^{13}　ŋo^{31}　wan^{13}　pjai^{31}
直译：离　山　癸　巳　日　庚　午　日　白
意译：卯年、酉年的四月、十月，离宫忌癸巳日、庚午日。

水字：　〔符号〕　申　〔符号〕　三　九
音标：jan^{31}　sən^{13}　mbe^{13}　xa:m^{13}　tɕu^{33}
直译：寅　申　年　三　九
意译：寅年、申年的三月、九月。

水字：　〔符号〕　〔符号〕　〔符号〕　〔符号〕　〔符号〕　〔符号〕
音标：tɕen^{13} sa:n^{13}　tɕa:p^{35}　xət^{55}　wan^{13}　pjai^{31}　ɕoŋ^{13}
直译：乾　山　甲　戌　日　白　凶
意译：寅年、申年的三月、九月，乾宫忌甲戌日。

水字：　〔符号〕　〔符号〕　〔符号〕　〔符号〕　〔符号〕
音标：xən^{35} sa:n^{13}　qeŋ^{13}　sən^{31}　wan^{13}　pjai^{31}
直译：巽　山　庚　辰　日　白
意译：寅年、申年的三月、九月，巽宫忌庚辰日。

水字：　〔符号〕　〔符号〕　〔符号〕　〔符号〕　十　一

音标：sən³¹　xət⁵⁵　mbe¹³　ŋo⁵³　sop³²　jat⁵⁵
直译：辰　　戌　　年　　五　　十　　一
意译：辰年、戌年的五月、十一月。

水字：
音标：qan³⁵ sa:n¹³　tɕi¹³　su³³　wan¹³　çoŋ¹³
直译：艮　山　　己　　丑　　日　　凶
意译：辰年、戌年的五月、十一月，艮宫忌己丑日。

水字：
音标：xi⁵³　ɣa:i³³　mbe¹³　ljok³²　sop³²　ȵi⁵⁵
直译：巳　　亥　　年　　六　　十　　二
意译：巳年、亥年的六月、十二月。

水字：
音标：tsən³⁵ sa:n¹³　tɕi¹³　su³³　wan¹³　pjai³¹　çoŋ¹³
直译：震　山　　己　　丑　　日　　白　　凶
意译：巳年、亥年的六月、十二月，震宫忌己丑日。

水字：
音标：toi⁵⁵ sa:n¹³　tɕi¹³　ju⁵³　wan¹³　pjai³¹　xai³¹　çoŋ¹³
直译：兑　山　　己　　酉　　日　　白　　棺　　凶
意译：巳年、亥年的六月、十二月，兑宫忌己酉日。

水字：
音标：tɕen² tok⁷ ma⁴　　tsən⁵ khum¹ jan¹　　toi⁶ ha: u³ na:n⁴

直译： 乾 落 马 震 控 人 兑 酒 肉

意译： 此为八宫掌水语读法的三个宫的名称，第一个是tɕen^{31} tok^{35} ma^{53}，即在乾宫要有人落马，故用一匹仰翻的马表示人仰马翻；第二个是tsən^{35} khum^{13} jan^{13}，即在震宫则要接着给亡人开控，开控要杀一匹祭奠，用一匹骏马表示；第三个是toi^{55} ha:u^{33} na:n^{53}，即在兑宫则又要有丧事的酒肉吃了，故用一匹醉酒状的马表示。

条目意译：

子午年正月七月，坎宫忌甲子日、庚子日；

丑未年二月八月，坤宫忌丙寅日、庚寅日；

卯酉年四月十月，离宫忌癸巳日、庚午日；

寅申年三月九月，乾宫忌甲戌日、巽宫忌庚辰日；

辰戌年五月十一月，艮宫忌己丑日；

巳亥年六月十二月，震宫忌己丑日、兑宫忌己酉日。

注释：

依亡人享年推遁所属八卦之何宫，以所限定年月为前提应避忌之葬日，犯之凶，有再接着死人之虞。

八宫忌（二）
pet³⁵ san¹³

水字：　申　　孑　　疢　　翌

音标：sən¹³　　xi³³　　sən³¹　　mbe¹³

直译：申　　子　　辰　　年

意译：申年、子年、辰年。

水字：㊄　 甲　 申　 〇　 四　 兑　 歹　 乂

音标：tɕen² sa:n¹³　tɕa:p³⁵　sən¹³　wan¹³　xi³⁵　ljok³²　si³¹　ɕoŋ¹³

直译：乾　山　甲　申　日　四绿　六白　时　凶

意译：申年、子年、辰年，乾宫忌甲申日，又忌四绿时、六白时。

水字：工　　丒　　亚　　翌

音标：xi³⁵　　ju⁵³　　su³³　　mbe¹³

直译：巳　　酉　　丑　　年

意译：巳年、酉年、丑年。

水字：㊃　 甲　 孑　 疢　 孑　 〇　 甲
　　　午　 〇　 四　 二　 八　 歹　 乂

音标：qha:m³³ sa:n¹³　tɕa:p³⁵　xi³³　qeŋ¹³　xi³³　wan¹²　tɕa:p³⁵
　　　ŋo³¹　wan¹²　xi³⁵　n̩i⁵⁵　pet⁵⁵　si³¹　ɕoŋ¹³

直译：坎　山　甲　子　庚　子　日　甲
　　　午　日　四绿　二黑　八白　时　凶

意译：巳年、酉年、丑年，坎宫忌甲子日、庚子日、甲午日，又忌四绿时、二黑时、八白时，凶。

水字： [水文字] [水文字] [水文字] [水文字]
音标：jan¹³　　ŋo³¹　　xət⁵⁵　　mbe¹³
直译：寅　　　午　　　戌　　　年
意译：寅年、午年、戌年。

水字：[水文字] [水文字] [水文字] [水文字] [水文字] [水文字] [水文字]
音标：xən³⁵ sa:n¹³　tɕa:p³⁵　jan³¹　xi³⁵　si³¹　ɕoŋ¹³
直译：巽　山　　　甲　　寅　　四绿　时　凶
意译：寅年、午年、戌年，巽宫忌甲寅日，又忌四绿时，凶。

水字：[水文字] [水文字] [水文字] [水文字]
音标：ɣa:i³³　meu⁵³　mi⁵⁵　mbe¹³
直译：亥　　　卯　　　未　　年
意译：亥年、卯年、未年。

水字：[水文字] [水文字] [水文字] [水文字] [水文字] [水文字] [水文字] [水文字]
音标：qan³⁵ sa:n¹³　tɕa:p³⁵　sən¹³　wan¹²　xi³⁵　ŋo⁵³　si³¹　ɕoŋ¹³
直译：艮　山　　　甲　　申　　日　　四绿　五黄　时　凶
意译：亥年、卯年、未年，艮宫忌甲申日，又忌四绿时、五黄时，凶。

条目意译：

　　申年、子年、辰年，乾宫忌甲申日，又忌四绿时、六白时。

巳年、酉年、丑年，坎宫忌甲子日、庚子日、甲午日，又忌四绿时、二黑时、八白时。

寅年、午年、戌年，巽宫忌甲寅日，又忌四绿时。

亥年、卯年、未年，艮宫忌甲申日，又忌四绿时、五黄时。

注释：

本条目按三合年结合八宫所属之位列出避忌的日子和紫白九星时。

八宫忌（三）
pet³⁵ san¹³

水字：申　孑　𠂆　羊

音标：sən¹³　　xi³³　　sən³¹　　mbe¹³

直译：申　　子　　辰　　年

意译：申年、子年、辰年。

水字：酉　甲　㐅　○　三　兊　六　八
　　　　ヲ　𠆢①　又

音标：toi⁵⁵ sa:n¹³　tɕa:p³⁵　jan³²　wan¹³　xa:m¹³　ljok³²　tɕu³³
　　　pet⁵⁵　si³¹　sa³⁵　çoŋ¹³

直译：兑　山　甲　寅　日　三碧　六白　九紫
　　　八白　时　染上　凶

意译：申年、子年、辰年，兑宫忌甲寅日，又忌三碧时、六白时、九紫时、八白时，凶。

水字：工　巳　丑　羊

音标：xi³⁵　　ju⁵³　　su³³　　mbe¹³

直译：巳　　酉　　丑　　年

意译：巳年、酉年、丑年。

水字：未　甲　下　○　四　兊
　　　ヲ　𠆢　又

---

① 𠆢，读 sa³⁵，爬上、染上的意思。下同。

音标： fen¹³ sa:n¹³　　tɕa:p³⁵　xət⁵⁵　wan¹³　xi³⁵　ljok³²
　　　si³¹　　sa³⁵　　ɕoŋ¹³

直译： 坤　山　　甲　　戌　　日　　四绿　六白
　　　时　染上　凶

意译： 巳年、酉年、丑年，坤宫忌甲戌日，又忌四绿时、六白时，凶。

水字：　ㄎ　　ㄎ　　下　　ㄓ

音标： jan¹³　　ŋo³¹　　xət⁵⁵　　mbe¹³

直译： 寅　　　午　　　戌　　　年

意译： 寅年、午年、戌年。

水字：　甲　　彡　　Ｏ　　𠃊　　ㄎ　　人　　ㄨ

音标： li³¹ sa:n¹³　tɕa:p³⁵　xi³³　wan¹³　ŋo⁵³　si³¹　sa³⁵　ɕoŋ¹³

直译： 离　山　　甲　　子　　日　　五　时　　　凶

意译： 寅年、午年、戌年，离宫忌甲子日，又忌五黄时，凶。

水字：　宇　　⼩　　禾　　ㄓ

音标： ɣa:i³³　　meu⁵³　　mi⁵⁵　　mbe¹³

直译： 亥　　　卯　　　未　　　年

意译： 亥年、卯年、未年。

水字：　⺈⺈　　甲　　丞　　Ｏ　　三　　兑
　　　彡　　人　　ㄨ

音标： tsən³⁵ sa:n¹³　tɕa:p³⁵　sən³¹　wan¹³　xa:m¹³　ljok³²

　　　　　　si³¹　　sa³⁵　　çoŋ¹³
直译：震　山　　甲　　辰　　日　　　三碧　六白
　　　时　　染上　凶
意译：亥年、卯年、未年，震宫忌甲辰日，又三碧时、六白时，凶。

条目意译：

申子辰年，乾宫忌甲申日，又忌四绿、六白时；

已酉丑年，坎宫忌甲子日、庚子日、甲午日，又忌四绿、二黑、八白时；

寅午戌年，巽宫忌甲寅日，又忌四绿时；

亥卯未年，艮宫忌甲申日，又忌四绿、五黄时；

申子辰年，兑宫忌甲寅日，又忌三碧、六白、九紫、八白时；

已酉丑年，坤宫忌甲戌日，又忌四绿、六白时；

寅午戌年，离宫忌甲子日，又忌五黄时；

亥卯未年，震宫忌甲辰日，又忌三碧、六白时。

注释：

⺊，表示染上不祥，这些祸害如同有人用权架推上来一样，难以推脱。因此亲人亡故择吉时不能遇到以上这些日子，否则还会有人倒下死亡。

八宫忌（四）
pet³⁵ san¹³

水字： 申　　三　　辰　　其　　百　　　三
音标： sən¹³　　xi³³　　sən³¹　　mbe¹³　　sən¹³　　xa:m¹³ ȵot³²
直译： 申　　子　　辰　　年　　春　　　三　月
意译： 申子辰年春季的三个月。

水字： 囵　　卯　　三　　O　　another　　又
音标： tɕen³¹ sa:n¹³　　tɕa:p³⁵　　xi³³　　wan¹³　　si³¹　　ɕoŋ¹³
直译： 乾　　山　　甲　　子　　日　　时　　凶
意译： 申子辰年春季的三个月，乾宫忌甲子日、甲子时。

水字： 工　　丞　　丑　　其　　夂　　　三
音标： xi³⁵　　ju⁵³　　su³³　　mbe¹³　　ja³³　　xa:m¹³ ȵot³²
直译： 巳　　酉　　丑　　年　　夏　　三　月
意译： 巳酉丑年夏季的三个月。

水字： 囵　　卯　　丰　　O　　another　　又
音标： qha:m³³ sa:n¹³　　tɕa:p³⁵　　ŋo³¹　　wan¹³　　si³¹　　ɕoŋ¹³
直译： 坎　　山　　甲　　午　　日　　时　　凶
意译： 巳酉丑年夏季的三个月，坎宫忌甲午日、甲午时。

水字： 先　　卡　　下　　其　　韭　　　三
音标： jan¹³　　ŋo³¹　　xət⁵⁵　　mbe¹³　　xjiu¹³　　xa:m¹³ ȵot³²
直译： 寅　　午　　戌　　年　　秋　　三　月

意译：寅午戌年秋季的三个月，

水字： 〔水字符号〕

音标：xən³⁵ sa:n¹³ tɕa:p³⁵ xəɬ⁵⁵ wan¹³ si³¹ ɕoŋ¹³

直译：巽　山　　甲　　戌　　日　　时　　凶

意译：寅午戌年秋季的三个月，巽宫忌甲戌日、甲戌时。

水字： 〔水字符号〕

音标：ɣa:i³³ meu⁵³ mi⁵⁵ mbe¹³ toŋ¹³ xa:m¹³ n̯ot³²

直译：亥　　卯　　未　年　　冬　　三　月

意译：亥卯未年冬季的三个月。

水字： 〔水字符号〕

音标：tsən³⁵ sa:n¹³ xən³⁵ sa:n¹³ toi⁵⁵ sa:n¹³ tɕa:p³⁵ jan³¹ wan¹³ si³¹ ɕoŋ¹³

直译：震　山　巽　山　　兑　山　　甲　　寅　日　　时　凶

意译：亥卯未年冬季的三个月，震宫、巽宫和兑宫都要忌甲寅日、甲寅时。

条目意译：
　　申子辰年春季的三个月，乾宫忌甲子日、甲子时；
　　巳酉丑年夏季的三个月，坎宫忌甲午日、甲午时；
　　寅午戌年秋季的三个月，巽宫忌甲戌日、甲戌时；
　　亥卯未年冬季的三个月，震宫、巽宫和兑宫都要忌甲寅日、甲寅时。

注释：

本条目以三合年和四季论，依亡人享年推遁八卦所属之宫忌安葬之日时，犯之凶。

举 银
tɕui³⁵ ȵan³¹

水字： 𝈓 𝈔 𝈕 𝈖 𝈗 𝈘 𝈙
　　　 𝈚 𝈛 𝈜 𝈝 𝈞 𝈟

音标： xi³³　ŋo³¹　meu⁵³　ju⁵³　mbe¹³　tɕui³⁵　mi⁵⁵
　　　 wan¹³　tɕui³⁵　ɣa:i³³　wan¹³　xai³¹　tɕui³⁵ ȵan³¹

直译： 子　午　卯　酉　年　癸　未
　　　 日　癸　亥　日　棺　举　银

意译： 子午卯酉年忌癸未日、癸亥日。

水字： 𝈠 𝈡 𝈢 𝈣 𝈤 𝈥 𝈦 𝈧
　　　 𝈨 𝈩

音标： su³³　mi⁵⁵　sən³¹　xət⁵⁵　mbe¹³　tɕui³⁵　su³³　wan¹³
　　　 xai³¹　tɕui³⁵ ȵan³¹

直译： 丑　未　辰　戌　年　癸　丑　日
　　　 棺　举　银

意译： 丑未辰戌年忌癸丑日。

水字： 𝈪 𝈫 𝈬 𝈭 𝈮 𝈯 𝈰 𝈱
　　　 𝈲 𝈳

音标： jan³²　sən¹³　xi⁵³　ɣa:i³³　mbe¹³　tɕui³⁵　meu⁵³　wan¹³
　　　 xai³¹　tɕui³⁵ ȵan³¹

直译： 寅　申　巳　亥　年　癸　卯　日
　　　 棺　举　银

意译： 寅申巳亥年忌癸卯日。

条目意译：
  子午卯酉年忌癸未日、癸亥日。
  丑未辰戌年忌癸丑日。
  寅申巳亥年忌癸卯日。

注释：
  𥹆，tɕui³⁵ ȵan³¹，称癸银或举银，因本条目以天干为"癸"的日子为忌，水书条目名称，安葬犯之死人。又忌嫁娶，犯之婚后夫妻不和。

天 干 忌 日
wan¹³ wen¹³ tɕi⁵⁵

一、甲己年

水字: 𐰀   𐰁   𐰂
音标: tɕa:p³²   tɕi¹³   mbe¹³
直译: 甲   己   年
意译: 天干为甲、己的年份。

水字: 𐰃 𐰄 𐰅 ○ 𐰆 𐰇 ○ 𐰈
音标: ŋo⁵³ pjeŋ¹³ jan³¹ wan¹³ jat⁵⁵ ɣa:i³³ wan¹³ fa:ŋ¹³
直译: 五 丙 寅 日 乙 亥 日 方
意译: 天干为甲、己的年份，五月忌丙寅日、乙亥日。

水字: 𐰀 𐰉 ○ 𐰊 𐰋 𐰀 𐰌 ○
       𐰍 𐰋
音标: tɕa:p³² xət⁵⁵ wan¹³ tɕu³³ ɕoŋ¹³ tɕa:p³² sən¹³ wan¹³
       pu³¹ ɕoŋ¹³
直译: 甲 戌 日 九 凶 甲 申 日
       辅 凶
意译: 天干为甲、己的年份，五月忌甲戌日、甲申日，凶。

水字: 𐰎 𐰏 ○ 𐰐 𐰑 𐰑 𐰋
音标: tɕui³⁵ xi⁵³ wan¹³ ljok³² xai³¹ xai³¹ ɕoŋ¹³
直译: 癸 巳 日 六 棺 棺 凶

意译：天干为甲、己的年份，五月癸巳日忌埋葬，死六人。

水字： 三　〔图〕　〔图〕　〔图〕　〔图〕
音标：xa:m¹³　tɕi¹³　xi⁵³　wan¹³　ɕoŋ¹³
直译：三　己　巳　日　凶
意译：天干为甲、己的年份，三月己巳日，凶。

水字： 四　〔图〕　〔图〕　〔图〕　〔图〕
音标：xi³⁵　xjan¹³　ya:i³³　wan¹³　ɕoŋ¹³
直译：四　辛　亥　日　凶
意译：天干为甲、己的年份，四月辛亥日，凶。

水字： 〔图〕　〔图〕　〔图〕　〔图〕
音标：ljok³²　qeŋ¹³　sən¹³　wan¹³
直译：六　庚　申　日
意译：天干为甲、己的年份，六月庚申日，凶。

水字： 七　〔图〕　〔图〕　〔图〕　〔图〕
音标：xjat⁵⁵　qeŋ¹³　ŋo³¹　wan¹³　ɕoŋ¹³
直译：七　庚　午　日　凶
意译：天干为甲、己的年份，七月庚午日，凶。

水字： 四　〔图〕　〔图〕　丁　〔图〕　〔图〕　〔图〕
音标：xi³⁵　tɕi¹³　meu⁵³　tjeŋ¹³　meu⁵³　wan¹³　ɕoŋ¹³
直译：四　己　卯　丁　卯　日　凶
意译：天干为甲、己的年份，四月己卯日、丁卯日，凶。

二、水书正文译注   129

水字： ✝ 壬 ⺃ ○ ✗
音标：sop³² n̠um³¹ jan³¹ wan¹³ çoŋ¹³
直译： 十   壬   寅   日   凶
意译：天干为甲、己的年份，十月壬寅日，凶。

水字： 正 甲 子 癸 酉 ○ ⯎ ✗
音标：tsjeŋ¹³ tɕa:p³⁵ xi³³ tɕui³⁵ ju⁵³ wan¹³ xai³¹ çoŋ¹³
直译： 正   甲   子   癸   酉   日   棺   凶
意译：天干为甲、己的年份，正月甲子日、癸酉日，凶。

水字： 三 丙 午 ○ ⯎ ✗
音标：xa:m¹³ pjeŋ³³ ŋo³¹ wan¹³ xai³¹ çoŋ¹³
直译： 三   丙   午   日   棺   凶
意译：天干为甲、己的年份，三月丙午日，凶。

水字： 四 乙 卯 ○ ⯎ ✗
音标：xi³⁵ jat⁵⁵ meu⁵³ wan¹³ xai³¹ çoŋ¹³
直译： 四   乙   卯   日   棺   凶
意译：天干为甲、己的年份，四月乙卯日，凶。

水字： 六 壬 申 ○ ✗ 辛 卯 ○
      ⯎ ✗
音标：ljok³² n̠um³¹ sən¹³ wan¹³ çoŋ¹³ xjan¹³ meu⁵³ wan¹³
     xai³¹ çoŋ¹³
直译： 六   壬   申   日   凶   辛   卯   日

棺　凶

意译：天干为甲、己的年份，六月壬申日、辛卯日，凶。

水字：

音标：xjat⁵⁵ qeŋ¹³ xi³³ wan¹³ xai³¹ ɕoŋ¹³

直译：七　庚　子　日　棺　凶

意译：天干为甲、己的年份，七月庚子日，凶。

小节意译：

甲己年，五月忌丙寅日、乙亥日，甲戌日、甲申日犯九穷，癸巳日犯六朵；三月忌己巳日，四月忌辛亥日，六月忌庚申日，七月忌庚午日，四月忌己卯日、丁卯日，十月忌壬寅日，正月忌甲子日、癸酉日，三月忌丙午日，四月忌乙卯日，六月忌壬申日、辛卯日，七月忌庚子日。

二、乙庚年

水字：

音标：jat⁵⁵ qeŋ¹³ mbe¹³

直译：乙　庚　年

意译：天干为乙、庚的年份。

水字：

音标：ŋo⁵³ mu⁵⁵ jan³¹ wan¹³ tjeŋ¹³ ɣa:i³³ wan¹³

直译：五　戊　寅　日　丁　亥　日

意译：天干为乙、庚的年份，五月忌戊寅日、丁亥日。

二、水书正文译注　　131

水字：八　ㄋ　否　五　〇　又

音标：pet^{55}　jat^{55}　ju^{53}　fa:ŋ^{13}　wan^{13}　çoŋ^{13}

直译：八　乙　酉　方　日　凶

意译：天干为乙、庚的年份，八月乙酉日，凶。

水字：丙　申　〇　（图）　又　ㄋ　丄　〇
　　　允　（图）　（图）

音标：pjeŋ^{33}　sən^{13}　wan^{13}　pu^{31}　çoŋ^{13}　jat^{55}　xi^{53}　wan^{13}
　　　ljok^{32}　xai^{31}　xai^{31}

直译：丙　申　日　辅　凶　乙　巳　日
　　　六　棺　棺

意译：天干为乙、庚的年份，八月丙申日、乙巳日，凶，死六人。

水字：三　甲　寅　〇　又　己　丄　〇
　　　又　（图）①

音标：xa:m^{13}　tça:p^{35}　jan^{31}　wan^{13}　çoŋ^{13}　tçi^{13}　xi^{53}　wan^{13}
　　　çoŋ^{13}　ŋga:ŋ^{35}　ɣi^{13}

直译：三　甲　寅　日　凶　己　巳　日
　　　凶　贫　穷

意译：天干为乙、庚的年份，三月忌甲寅日、己巳日。

水字：毛　兆　寺　〇　又

音标：ŋo^{53}　tçui^{35}　ɣa:i^{33}　wan^{13}　çoŋ^{13}

---

① （图），水语读 ŋga:ŋ^{35} ɣi^{13}，形容一贫如洗，房屋荒芜。下同。

直译：五　癸　亥　日　凶
意译：天干为乙、庚的年份，五月癸亥日，凶。

水字：二　壬　申　〇
音标：ȵi⁵⁵　n̠um³¹　sən³¹　wan¹³
直译：二　壬　申　日
意译：天干为乙、庚的年份，二月壬申日，凶。

水字：正　戊　午　〇　凶
音标：tsjeŋ¹³　mu⁵⁵　ŋo³¹　wan¹³　çoŋ¹³
直译：正　戊　午　日　凶
意译：天干为乙、庚的年份，正月戊午日，凶。

水字：二　壬　午　〇
音标：ȵi⁵⁵　n̠um³¹　ŋo³¹　wan¹³
直译：二　壬　午　日
意译：天干为乙、庚的年份，二月壬午日，凶。

水字：七　辛　卯　〇　凶
音标：xjat⁵⁵　xjan¹³　meu⁵³　wan¹³　çoŋ¹³
直译：七　辛　卯　日　凶
意译：天干为乙、庚的年份，七月辛卯日，凶。

水字：正　庚　子　〇　凶　丙　子　〇　棺
音标：tsjeŋ¹³　qeŋ¹³　xi³³　wan¹³　çoŋ¹³　pjeŋ³³　xi³³　wan¹³　xai³¹
直译：正　庚　子　日　凶　丙　子　日　棺

意译：天干为乙、庚的年份，正月庚子日、丙子日，凶，死一人。

水字：

音标：ljok^{32}　jat^{55}　ju^{53}　tɕi^{13}　ju^{53}　wan^{13}　xai^{31}　xai^{31}　ɕoŋ^{13}
直译：六　　乙　　酉　　己　　酉　　日　　棺　　棺　　凶
意译：天干为乙、庚的年份，六月乙酉日、己酉日，凶，死二人。

小节意译：
　　乙庚年，五月忌戊寅日、丁亥日，八月乙酉日、丙申日、乙巳日是六朵重丧日，三月忌甲寅日、己巳日也是六朵重丧日，五月癸亥日，二月忌壬申日，正月忌戊午日，二月忌壬午日，七月忌辛卯日，正月忌庚子日、丙子日，六月忌乙酉日、己酉日重丧。

三、丙辛年

水字：

音标：pjeŋ^{33}　xjan^{13}　mbe^{13}
直译：丙　　　辛　　　年
意译：天干为丙、辛的年份。

水字：

音标：ŋo^{53}　qeŋ^{13}　jan^{31}　wan^{13}　tɕi^{13}　ɣa:i^{33}　wan^{13}
直译：五　　庚　　寅　　日　　己　　亥　　日
意译：天干为丙、辛的年份，五月忌庚寅日、己亥日。

水字: 𰀀 𰀁 𰀂 𰀃 𰀄 ○ 𰀅

音标：xjat⁵⁵　tjeŋ¹³　xi⁵³　pjeŋ³³　sən¹³　wan¹³　ɕoŋ¹³

直译：七　　丁　　巳　　丙　　申　　日　　凶

意译：天干为丙、辛的年份，七月忌丁巳日、丙申日。

水字: 𰀆 𰀇 ○ 𰀈 𰀅 𰀁 𰀂
　　　○ 𰀉 ⚋ ⚋ 𰀅

音标：mu⁵⁵　sən¹³　wan¹³　pu³¹　ɕoŋ¹³　tjeŋ¹³　xi⁵³
　　　wan¹³　ljok³²　xai³¹　xai³¹　ɕoŋ¹³

直译：戊　　申　　日　　辅　　凶　　丁　　巳
　　　日　　六　　棺　　棺　　凶

意译：天干为丙、辛的年份，忌戊申日、丁巳日，犯之死人。

水字: 𰀊 𰀋 𰀌 ○ 𰀅

音标：tsjeŋ¹³　jat⁵⁵　ɣa:i³³　wan¹³　ɕoŋ¹³

直译：正　　乙　　亥　　日　　凶

意译：天干为丙、辛的年份，正月忌乙亥日。

水字: 三 𰀍 𰀂 ○ 𰀅

音标：xa:m¹³　tɕui³⁵　xi⁵³　wan¹³　ɕoŋ¹³

直译：三　　癸　　巳　　日　　凶

意译：天干为丙、辛的年份，三月忌癸巳日。

水字: 𰀎 𰀏 𰀐 ○ 𰀆 𰀐 ○ 𰀅

二、水书正文译注   135

音标：sop³² tɕa:p³⁵ sən¹³ wan¹³ mu⁵⁵ sən¹³ wan¹³ ɕoŋ¹³
直译：十　甲　　申　　日　　戊　申　　日　　凶
意译：天干为丙、辛的年份，十月甲申日、戊申日。

水字：
音标：ŋo⁵³ n̠um³¹ xi³³
直译：五　　壬　　　子
意译：天干为丙、辛的年份，五月忌壬子日。

水字：
音标：sop³² tɕui³⁵ ju⁵³ xjan¹³ ju⁵³ wan¹³ ɕoŋ¹³
直译：十　癸　　酉　　辛　　酉　　日　　凶
意译：天干为丙、辛的年份，十月忌癸酉日、辛酉日。

水字：
音标：xi³⁵ tɕui³⁵ meu⁵³ wan¹³ tɕa:p³⁵ ŋo³¹ qeŋ¹³
　　　ŋo³¹ wan¹³ ɕoŋ¹³
直译：四　癸　　卯　　日　　甲　　午　　庚
　　　午　日　凶
意译：天干为丙、辛的年份，四月忌癸卯日、甲午日、庚午日。

小节意译：
　　丙辛年，五月忌庚寅日、己亥日，七忌月丁巳日、丙申日、戊申日、丁巳日是六朵犯重丧，正月忌乙亥日，三月癸巳日，十月忌甲申日、戊申日，五月忌壬子日，十月忌癸酉日、辛酉日，四月忌癸卯日、甲午日、庚午日。

四、丁壬年

水字：丁 壬 年
音标：tjeŋ¹³ ȵum³¹ mbe¹³
直译：丁 壬 年
意译：天干为丁、壬的年份。

水字：五 壬 寅 〇 ⺊ 辛 〇
音标：ŋo⁵³ ȵum³¹ jan³¹ wan¹³ hjan¹³ ɣa:i³³ wan¹³
直译：五 壬 寅 日 辛 亥 日
意译：天干为丁、壬的年份，五月忌壬寅日、辛亥日。

水字：六 丁 辛 丁 未 〇
音标：ljok³² tjeŋ¹³ ɣa:i³³ tjeŋ¹³ mi⁵⁵ wan¹³
直译：六 丁 亥 丁 未 日
意译：天干为丁、壬的年份，六月忌丁亥日、丁未日。

水字：庚 申 〇 辅 己 巳 〇
　　　 六 棺 棺 凶
音标：qeŋ¹³ sən¹³ wan¹³ pu³¹ tɕi¹³ xi⁵³ wan¹³
　　　 ljok³² xai³¹ xai³¹ ɕoŋ¹³
直译：庚 申 日 辅 己 巳 日
　　　 六 棺 棺 凶
意译：天干为丁、壬的年份，六月忌庚申日、己巳日，死六人，凶。

水字： 𖼀 𖼁 𖼂 ○ 𖼃
音标：tsjeŋ¹³ n.um³¹ xi³³ wan¹³ ɕoŋ¹³
直译： 正   壬   子   日   凶
意译：天干为丁、壬的年份，正月忌壬子日。

水字： 𖼀 𖼁 𖼂 ○ 𖼃 𖼄 𖼅 𖼆
音标：ljok³² mu⁵⁵ jan³¹ wan¹³ jat⁵⁵ xi⁵³ xai³¹ xai³¹ ɕoŋ¹³
直译： 六 戊 寅 日 乙 巳 棺 棺 凶
意译：天干为丁、壬的年份，六月忌戊寅日、乙巳日，死二人，凶。

水字： 𖼀 𖼁 𖼂 ○ 𖼃 𖼄 ○
音标：tsjeŋ¹³ n.um³¹ ŋo³¹ wan¹³ tɕui³⁵ ju⁵³ wan¹³
直译： 正 壬 午 日 癸 酉 日
意译：天干为丁、壬的年份，正月忌壬午日、癸酉日。

水字： 𖼀 𖼁 𖼂 ○ 𖼃 𖼄 𖼅 ○
音标：ŋo⁵³ pjeŋ³³ ŋo³¹ wan¹³ ɕoŋ¹³ tɕi¹³ ju⁵³ wan¹³
直译： 五 丙 午 日 凶 己 酉 日
意译：天干为丁、壬的年份，五月忌丙午日、己酉日。

水字： 𖼀 𖼁 𖼂 𖼃 𖼄 ○ 𖼅 𖼆
音标：xjat⁵⁵ qeŋ¹³ xi³³ tɕa:p³⁵ xi³³ wan¹³ xai³¹ ɕoŋ¹³
直译： 七 庚 子 甲 子 日 棺 凶

意译：天干为丁、壬的年份，七月忌庚子日、甲子日，死一人，凶。

小节意译：

丁壬年，五月忌壬寅日、辛亥日，六月忌丁亥日、丁未日，庚申日、己巳日是六朵犯重丧，正月忌壬子日，六月忌戊寅日、乙巳日，正月忌壬午日、癸酉日，五月忌丙午日、己酉日，七月忌庚子日、甲子日。

五、戊癸年

水字：

音标：mu^{55} tɕui^{35} mbe^{13}

直译：戊　　癸　　年

意译：天干为戊、癸的年份。

水字：

音标：ŋo^{53} tɕa:p^{35} jan^{13} wan^{13} tɕui^{35} ɣa:i^{33} wan^{13}

直译：五　　甲　　寅　　日　　癸　　亥　　日

意译：天干为戊、癸的年份，五月忌甲寅日、癸亥日。

水字：

音标：ŋo^{53} mu^{55} ŋo^{31} wan^{13} ɕoŋ^{13}

直译：五　　戊　　午　　日　　凶

意译：天干为戊、癸的年份，五月忌戊午日。

水字：

二、水书正文译注 139

音标：n̠um³¹ sən¹³ wan¹³ pu³¹ çoŋ¹³ xjan¹³ xi⁵³
wan¹³ ljok³² xai³¹ xai³¹ çoŋ¹³
直译：壬 申 日 辅 凶 辛 巳
日 六 棺 棺 凶
意译：天干为戊、癸的年份，五月忌壬申日、辛巳日，死六人，凶。

水字：
音标：n̠i⁵⁵ jat⁵⁵ meu⁵³ wan¹³ çoŋ¹³
直译：二 乙 卯 日 凶
意译：天干为戊、癸的年份，二月忌乙卯日。

水字：
音标：ŋo⁵³ tɕi¹³ ɣa:i³³ wan¹³ çoŋ¹³
直译：五 己 亥 日 凶
意译：天干为戊、癸的年份，五月忌己亥日。

水字：
音标：ljok³² xjan¹³ xi⁵³ wan¹³ çoŋ¹³
直译：六 辛 巳 日 凶
意译：天干为戊、癸的年份，六月忌辛巳日。

水字：
音标：sop³² jat⁵⁵ n̠um³¹ sən¹³ mu⁵⁵ sən¹³ wan¹³ çoŋ¹³
直译：十 一 壬 申 戊 申 日 凶

意译：天干为戊、癸的年份，十一月忌壬申日、戊申日。

水字：
音标：ljok³² qeŋ¹³ jan³¹ wan¹³ ɕoŋ¹³
直译：六　庚　寅　日　凶
意译：天干为戊、癸的年份，六月忌庚寅日。

水字：
音标：xa:m¹³ mu⁵⁵ ŋo³¹ wan¹³ ŋga:ŋ³⁵ yi¹³
直译：三　戊　午　日　贫　穷
意译：天干为戊、癸的年份，三月忌戊午日。

水字：
音标：tsjeŋ¹³ pjeŋ³³ xi³³ wan¹³ xai³¹ ɕoŋ¹³
直译：正　丙　子　日　棺　凶
意译：天干为戊、癸的年份，正月忌丙子日，死一人，凶。

水字：
音标：ljok³² jat⁵⁵ ju⁵³ wan¹³ xai³¹ xai³¹ ɕoŋ¹³
直译：六　乙　酉　日　棺　棺　凶
意译：天干为戊、癸的年份，六月忌乙酉日，死二人，凶。

小节意译：

　　戊癸年，五月忌甲寅日、癸亥日，五月忌戊午日，壬申日、辛巳日是六朵犯重丧，二月忌乙卯日，五月忌己亥日，六月忌辛巳日，十一月忌壬申日、戊申日，六月忌庚寅日，三月忌戊午日，正月忌丙子日，六月忌乙酉日。

注释：
　　本条目忌安葬，或引起官司口舌导致贫穷；或把祸事导向家门族下，导致更多的人死亡。

天干忌时

si³¹ wen¹³ tɕi⁵⁵

一、甲己日

水字： 〔水字符号〕

音标： tɕa:p³⁵　tɕi¹³　wan¹³　pjeŋ³³　jan³¹　tɕa:p³⁵　xi³³　si³¹
　　　　jat⁵⁵　su³³　si³¹　tɕat⁵⁵

直译： 甲　己　日　丙　寅　甲　子　时
　　　　乙　丑　时　吉

意译： 天干为甲、己的日子，丙寅时、甲子时、乙丑时，吉。

水字： 〔水字符号〕

音标： pjeŋ³³　jan³¹　tjeŋ¹³　meu⁵³　ŋo⁵³ hu³³　si³¹　ɕoŋ¹³

直译： 丙　寅　丁　卯　五　虎　时　凶

意译： 天干为甲、己的日子，丙寅时、丁卯时为五虎时，凶。

水字： 〔水字符号〕

音标： mu⁵⁵　sən³¹　tɕi¹³　xi³³　si³¹　xai³¹　ɕoŋ¹³

直译： 戊　辰　己　巳　时　棺　凶

意译： 天干为甲、己的日子，戊辰时、己巳时凶，死人。

水字： 〔水字符号〕

音标： qeŋ¹³　ŋo³¹　xjan¹³　mi⁵⁵　si³¹　tɕat³⁵

直译： 庚　午　辛　未　时　吉

意译：天干为甲、己的日子，庚午时、辛未时，吉。

水字：𛰀 申 彡 义 公 酉 彡 平
音标：ȵum³¹ sən¹³ si³¹ ɕoŋ¹³ tɕui⁵⁵ ju⁵³ si³¹ tɕat⁵⁵
直译：壬 申 时 凶 癸 酉 时 吉
意译：天干为甲、己的日子，壬申时凶，癸酉时吉。

水字：甲 戌 卯 彡 丁 亥 己
　　　彡 义
音标：tɕa:p³⁵ xət⁵⁵ ŋo⁵³ hu³³ si³¹ jat⁵⁵ ɣa:i³³ ŋo⁵³ hu³³
　　　si³¹ ɕoŋ¹³
直译：甲 戌 五 虎 时 乙 亥 五 虎
　　　时 凶
意译：天干为甲、己的日子，甲戌是五虎时，乙亥是五虎时，凶。

水字：丙 子 丁 丑 彡 平
音标：pjeŋ³³ xi³³ tjeŋ¹³ su³³ si³¹ tɕat⁵⁵
直译：丙 子 丁 丑 时 吉
意译：天干为甲、己的日子，丙子时、丁丑时，吉。

小节意译：
　　甲己日，丙寅时、甲子时、乙丑时吉，丙寅时、丁卯时是五虎时凶，戊辰时、己巳时凶，庚午时、辛未时吉，壬申时凶，癸酉时吉，甲戌时、乙亥时都是五虎时凶，丙子时、丁丑时吉。

二、乙庚日

水字： 〔水字符号〕

音标：jat55　qeŋ13　wan13　pjeŋ33　xi33　si31　tjeŋ13　su33　si31　tɕat55

直译：乙　庚　日　丙　子　时　丁　丑　时　吉

意译：天干为乙、庚的日子，丙子时、丁丑时，吉。

水字：〔水字符号〕

音标：mu55　jan31　tɕi13　meu53　si31　ŋo53hu33　qeŋ13　sən31　xjan13　xi53　si31　xai31　n̪um31　ŋo31　si31　ɕoŋ13

直译：戊　寅　己　卯　时　五虎　庚　辰　辛　巳　时　棺　壬　午　时　凶

意译：天干为乙、庚的日子，戊寅时、己卯时是五虎时，庚辰时、辛巳时、壬午时，死人，凶。

水字：〔水字符号〕

音标：tɕui35　mi55　ŋo53 hu33　si31　ɕoŋ13

直译：癸　未　五　虎　时　凶

意译：天干为乙、庚的日子，癸未时为五虎时，凶。

水字：〔水字符号〕

二、水书正文译注 · 145

音标：tɕa:p³² sən¹³ jat⁵⁵ ju⁵³ ŋo⁵³ hu³³ si³¹ pjeŋ³³
　　　 xət⁵⁵ tjeŋ¹³ ɣa:i³³ ŋo⁵³ hu³³ si³¹ ɕoŋ¹³
直译： 甲　申　乙　酉　五　虎　时　丙
　　　 戌　丁　亥　五　虎　时　凶
意译： 天干为乙、庚的日子，甲申时、乙酉时、丙戌时、丁亥时是五虎时，凶。

水字：
音标：mu⁵⁵ xi³³ tɕi¹³ su³³ si³¹ xai³¹ ɕoŋ¹³
直译： 戊　子　己　丑　时　棺　凶
意译： 天干为乙、庚的日子，戊子时、己丑时，死人，凶。

小节意译：
　　乙庚日，丙子时、丁丑时吉，戊寅时、己卯时是五虎时凶，庚辰时、辛巳时、壬午时凶，癸未时是五虎时凶，甲申时、乙酉时、丙戌时和丁亥时是五虎时凶，戊子时、己丑时凶。

三、丙辛日

水字：
音标：pjeŋ³³ xjan¹³ wan¹³ mu⁵⁵ xi³³ si³¹ tɕi¹³ su³³ si³¹ xai³¹
直译： 丙　辛　日　戊　子　时　己　丑　时　棺
意译： 天干为丙、辛的日子，戊子时、己丑时，死人，凶。

水字：

音标：qeŋ¹³　　jan³¹　　xjan¹³　　meu⁵³　ŋo⁵³ hu³³　si³¹　ɳum³¹
　　　sən³¹　si³¹　　ɕoŋ¹³
直译：庚　　　寅　　　辛　　　卯　　　五　虎　时　壬
　　　辰　　　时　　　凶
意译：天干为丙、辛的日子，庚寅时、辛卯时、壬辰时为五
　　　虎时，凶。

水字：
音标：tɕui³⁵　　xi⁵³　　si³¹　　tɕat⁵⁵
直译：癸　　　巳　　　时　　　吉
意译：天干为丙、辛的日子，癸巳时，吉。

水字：
音标：tɕa:p³²　ŋo³¹　si³¹　ɕoŋ¹³　jat⁵⁵　mi⁵⁵　si³¹　tɕat⁵⁵
直译：甲　　　午　　时　　凶　　乙　　未　　时　　吉
意译：天干为丙、辛的日子，甲午时凶，乙未时吉。

水字：
音标：pjeŋ³³　sən¹³　ŋo⁵³ hu³³　si³¹　ɕoŋ¹³
直译：丙　　　申　　　五　虎　　时　　凶
意译：天干为丙、辛的日子，丙申时为五虎时，凶。

水字：
音标：tjeŋ¹³　ju⁵³　si³¹　tɕat⁵⁵
直译：丁　　　酉　　　时　　　吉
意译：天干为丙、辛的日子，丁酉时吉。

水字： [水字] [水字] [水字] [水字] [水字] [水字] [水字] [水字]
音标：mu^{55}　xət^{55}　tɕi^{13}　ɣa:i^{33}　si^{31}　ŋo^{53} hu^{33}　ɕoŋ^{13}
直译：戊　　戌　　己　　亥　　时　　五　虎　　凶
意译：天干为丙、辛的日子，戊戌时、己亥时为五虎时，凶。

水字： [水字] [水字] [水字] [水字] [水字] [水字]
音标：qeŋ^{13}　xi^{33}　xjan^{13}　su^{33}　si^{31}　tɕat^{55}
直译：庚　　子　　辛　　丑　　时　　吉
意译：天干为丙、辛的日子，庚子时、辛丑时，吉。

小节意译：
　　丙辛日，戊子时、己丑时凶，庚寅时、辛卯时是五虎时凶，壬辰时凶，癸巳时吉，甲午时凶，乙未时吉，丙申时是五虎时凶，丁酉时吉，戊戌时、己亥时是五虎时凶，庚子时、辛丑时吉。

四、丁壬日

水字： [水字] [水字] [水字] [水字] [水字] [水字] [水字] [水字] [水字]
音标：tjeŋ^{13}　ȵum^{31}　wan^{13}　qeŋ^{13}　xi^{33}　xjan^{13}　su^{33}　si^{31}　tɕat^{55}
直译：丁　　壬　　日　　庚　　子　　辛　　丑　　时　　吉
意译：天干为丁、壬的日子，庚子时、辛丑时，吉。

水字： [水字] [水字] [水字] [水字] [水字] [水字] [水字] [水字]
音标：ȵum^{31}　jan^{31}　tɕui^{35}　meu^{53}　ŋo^{53} hu^{33}　si^{31}　ɕoŋ^{13}
直译：壬　　寅　　癸　　卯　　五　虎　　时　　凶

意译：天干为丁、壬的日子，壬寅时、癸卯时为五虎时，凶。

水字：〔水字符号〕

音标：tɕa:p³² sən³¹ jat⁵⁵ xi⁵³ si³¹ tɕat⁵⁵

直译：甲　　辰　　乙　　巳　　时　　吉

意译：天干为丁、壬的日子，甲辰时、乙巳时，吉。

水字：〔水字符号〕

音标：pjeŋ³³ ŋo³¹ si³¹ tɕat⁵⁵

直译：丙　　午　　时　　吉

意译：天干为丁、壬的日子，丙午时吉。

水字：〔水字符号〕

音标：tjeŋ¹³ mi⁵⁵ ŋo⁵³ hu³³ si³¹ ɕoŋ¹³

直译：丁　　未　　五　　虎　　时　　凶

意译：天干为丁、壬的日子，丁未时为五虎时，凶。

水字：〔水字符号〕

音标：mu⁵⁵ sən¹³ tɕi¹³ ju⁵³ si³¹ xai³¹

直译：戊　　申　　己　　酉　　时　　棺

意译：天干为丁、壬的日子，戊申时、己酉时，死人，凶。

水字：〔水字符号〕

音标：qeŋ¹³ xət⁵⁵ xjan¹³ ɣa:i³³ si³¹ ŋo⁵³ hu³³ n̠um³¹ xi³³

tɕui³⁵ su³³ si³¹ tɕat⁵⁵

直译：庚 戌 辛 亥 时 五 虎 壬 子
癸 丑 时 吉

意译：天干为丁、壬的日子，庚戌时、辛亥时为五虎时，
凶；壬子时、癸丑时，吉。

小节意译：

丁壬日，庚子时、辛丑时吉，壬寅时、癸卯时是五虎时
凶，甲辰时、乙巳时吉，丙午时吉，丁未时是五虎时凶，戊申
时、己酉时凶，庚戌时、辛亥时是五虎时凶，壬子时、癸丑
时吉。

五、戊癸日

水字：

音标：mu⁵⁵ tɕui³⁵ wan¹³ ȵum³¹ xi³³ tɕui³⁵ su³³ si³¹ tɕat⁵⁵

直译：戊 癸 日 壬 子 癸 丑 时 吉

意译：天干为戊、癸的日子，壬子时、癸丑时，吉。

水字：

音标：tɕa:p³² jan³¹ jat⁵⁵ meu⁵³ ŋo⁵³ hu³³ si³¹ ɕoŋ¹³

直译：甲 寅 乙 卯 五 虎 时 凶

意译：天干为戊、癸的日子，甲寅时、乙卯时为五虎
时，凶。

水字：

音标：pjeŋ³³ sən³¹ tjeŋ¹³ xi³³ si³¹ tɕat⁵⁵

直译：丙　辰　丁　巳　时　吉
意译：天干为戊、癸的日子，丙辰时、丁巳时，吉。

水字：[水字符号]
音标：mu⁵⁵　ŋo³¹　si³¹　ŋo⁵³hu³³　tɕi¹³　mi⁵⁵　si³¹　xai³¹　çoŋ¹³
直译：戊　午　时　五　虎　己　未　时　棺　凶
意译：天干为戊、癸的日子，戊午时为五虎时，己未时，死人，凶。

水字：[水字符号]
音标：qeŋ¹³　sən¹³　xjan¹³　ju⁵³　si³¹　tɕat⁵⁵
直译：庚　申　辛　酉　时　吉
意译：天干为戊、癸的日子，庚申时、辛酉时，吉。

水字：[水字符号]
音标：num³¹　xət⁵⁵　tɕui³⁵　ɣa:i³³　si³¹　ŋo⁵³hu³³　çoŋ¹³
直译：壬　戌　癸　亥　时　五　虎　凶
意译：天干为戊、癸的日子，壬戌时、癸亥时为五虎时，凶。

水字：[水字符号]
音标：tɕa:p³²　xi³³　jat⁵⁵　su³³　si³¹　tɕat⁵⁵
直译：甲　子　乙　丑　时　吉
意译：天干为戊、癸的日子，甲子时、乙丑时，吉。

小节意译：

戊癸日，壬子时、癸丑时吉，甲寅时、乙卯时是五虎时凶，丙辰时、丁巳时吉，戊午时是五虎时凶，己未时凶，庚申时、辛酉时吉，壬戌时、癸亥时是五虎时凶，甲子时、乙丑时吉。

注释：

本条目按两两相合的天干日记载宜忌的时辰，忌入殓时、出枢时和下圹时。

六宫（四）
ljok⁴² tɕoŋ¹³

水字： 𛱃 𛱄 𛱅 𛱆 𛱇 𛱈 𛱉

音标： sən³¹ xət⁵⁵ su³³ mbe¹³ tai⁵⁵ fa³³ phuə³⁵ tsəŋ¹³

直译： 辰 戌 丑 年 大 火 破 军

意译：辰年、戌年、丑年，破军星所值的大火宫。

水字： 𛱊 一 𛱋 𛱌 〇 𛱍 𛱎 〇 𛱏

音标： ti⁵⁵ jat⁵⁵ pjeŋ³³ jan³¹ wan¹³ jat⁵⁵ su³³ wan¹³ ɕoŋ¹³

直译： 第 一 丙 寅 日 乙 丑 日 凶

意译：辰年、戌年、丑年，破军星所值的大火宫，第一元甲子的丙寅日、乙丑日，凶。

水字： 𛱐 𛱑 〇 𛱒 𛱓 〇 𛱔 𛱕① 𛱖②
　　　三 𛱗 八 六 十③𛱗 川④

音标： qeŋ¹³ ŋo³¹ wan¹³ n̻um³¹ xi³³ wan¹³ ljok³² ndok⁵⁵ la:k⁴² tɕum¹³

---

① 𛱕 𛱗，水书专有名词 ljok³² ndok⁵⁵ 的记音符号，有的用汉字"六朵""略朵"记录。该词的意思是安葬犯 ljok³² ndok⁵⁵，把祸害撒向三家六房，导致家门族下接连死人不断。本条目下文的 𛱗 为此词的省写。
② 𛱖，la:k⁴² tɕum¹³，表示死掉聪明的人。本条目下同。
③ 此处的数字为 pjai³¹ xai³¹，按水书师的解释，有死一至十八人不等的 pjai³¹，死一人叫 ti³³pjai³¹，死二人叫 ɣa³¹pjai³¹，死三人叫 ha:m³¹pjai³¹，死四人叫 xi³⁵ pjai³¹，死五人叫 ŋo⁵³pjai³¹，死六人叫 ljok³² pjai³¹，死七人叫 xjat⁵⁵pjai³¹ 死八人叫 pet³⁵ pjai³¹，死九人叫 tɕu³³pjai³¹，死十人叫 sop³² pjai³¹，死十八人叫 sop³² pet³⁵ pjai³¹。本条目类似，下同。
④ 川，水书专有名词 so¹³ ha:ŋ¹³ 的记音符号，有的用汉字"梭项""梭杭"等记录。该词的意思是安葬犯 so¹³ ha:ŋ¹³，家里出现重丧，死人不断。本条目下同。此字符与第125页《举银》条之"举银"字形相似，勿混淆。

二、水书正文译注　　153

　　　　　　xaːm¹³xai³¹　pet³⁵　tɕu³³　sop³²xai³¹　so¹³haːŋ¹³
直译：　庚　午　日　壬　子　日　六　朵　孩子金
　　　　三　棺　八　九　十　棺　梭　项
意译：辰年、戌年、丑年，破军星所值的大火宫，第一元甲子
　　　的庚午日、壬子日安葬，犯六朵，死聪明的人，家门族
　　　下祸事不断，轻则死三人，重则死八至十人不等。

水字：
音标：xi⁵³　ɣaːi³³　mi⁵⁵　faːŋ¹³　xeu³³　fa³³　tɕu³¹　mən³¹
直译：巳　亥　未　方　小　火　巨　门
意译：巳年、亥年、未年，巨门星所值的小火宫。

水字：
音标：ti⁵⁵　n̡i⁵⁵　tɕui³⁵　meu⁵³　wan¹³　xjan¹³　xi⁵³　wan¹³　ɕoŋ¹³
直译：第　二　癸　卯　日　辛　巳　日　凶
意译：巳年、亥年、未年，巨门星所值的小火宫，第二元甲
　　　子的癸卯日、辛巳日，凶。

水字：
音标：tɕui³⁵　xi³³　wan¹³　qeŋ¹³　jan³¹　qeŋ¹³　xi³³　wan¹³　n̡um³¹
　　　xət⁵⁵　wan¹³　ɕoŋ¹³　tsek³²　tu⁵³　xjat⁵⁵　pet³⁵　tɕu³³　ŋo⁵³
　　　sop³²　tsek³²　tu⁵³　laːk⁴²　tɕum¹³　so¹³　haːŋ¹³
直译：癸　子　日　庚　寅　庚　子　日　壬
　　　戌　日　凶　则　斗　七　八　九　五

十　则　斗　　孩子金　　梭　项

意译：巳年、亥年、未年，巨门星所值的小火宫，第二元甲子的癸子日、庚寅日、庚子日、壬戌日安葬凶，犯则斗，死聪明人，祸事危害家门族下，导致死五至十人不等。

水字：

音标：su³³　　mi⁵⁵　　meu⁵³　　mbe¹³　　tai⁵⁵　　tɕum¹³　　xu⁵³ ʈhok³²

直译：丑　　未　　卯　　年　　大　　金　　武　曲

意译：丑年、未年、卯年，武曲星所值的大金宫。

水字：

音标：ti⁵⁵　　ljok³²　　jat⁵⁵　　su³³　　wan¹³　　tjeŋ¹³　　meu⁵³　　wan¹³　　ɕoŋ¹³

直译：第　　六　　乙　　丑　　日　　丁　　卯　　日　　凶

意译：丑年、未年、卯年，武曲星所值的大金宫，第六元甲子的乙丑日、丁卯日，凶。

水字：

音标：ti⁵⁵　xjat⁵⁵　jat⁵⁵　su³³　wan¹³　tjeŋ¹³　meu⁵³　wan¹³　ȵum¹³
san³¹　wan¹³　pjeŋ³³　ŋo³¹　tɕui³⁵　mi³³　wan¹³　ɕoŋ¹³　xjat⁵⁵
pet³²　tɕu³³　sop³²　xai³¹　xai³¹　so¹³ haŋ¹³

直译：第　七　乙　丑　日　丁　卯　日　壬
　　　辰　日　丙　午　癸　未　日　凶　七
　　　八　九　十　棺　棺　梭　项

意译：丑年、未年、卯年，武曲星所值的大金宫，第七元甲子的乙丑日、丁卯日、壬辰日、丙午日、癸未日安葬，犯梭项，祸事不断，导致家族死七至十人不等。

水字：十 二 酉 日
音标：sop³² ȵi⁵⁵ ju⁵³ wan¹³
直译：十 二 酉 日
意译：丑年、未年、卯年，武曲星所值的大金宫，十二月忌酉日。

水字：八 丁 丑 日 凶
音标：pet⁵⁵ tjeŋ¹³ su³³ wan¹³ ɕoŋ¹³
直译：八 丁 丑 日 凶
意译：丑年、未年、卯年，武曲星所值的大金宫，八月忌丁丑日。

水字：子 午 酉 方 小 金 禄存
音标：xi³³ ŋo³¹ ju⁵³ fa:ŋ¹³ xeu³³ tɕum¹³ ljok³² xən³¹
直译：子 午 酉 方 小 金 禄存
意译：子年、午年、酉年，禄存星所值的小金宫。

水字：第 三 辛 未 日 丙 申 日 凶
　　　乙 巳 日 丁 亥 日 凶
音标：ti⁵⁵ xa:m¹³ xjan¹³ mi⁵⁵ wan¹³ pjeŋ³³ sən¹³ wan¹³ ɕoŋ¹³
　　　jat⁵⁵ xi⁵³ wan¹³ tjeŋ¹³ ɣa:i³³ wan¹³ ɕoŋ¹³
直译：第 三 辛 未 日 丙 申 日 凶
　　　乙 巳 日 丁 亥 日 凶

意译：子年、午年、酉年，禄存星所值的小金宫，第三元甲子的辛未日、丙申日、乙巳日、丁亥日，凶。

水字：[符号]

音标：tɿ⁵⁵　jxat⁵⁵　tjeŋ¹³　xɿ⁵³　wan¹³　pet⁵⁵　sən³¹　wan¹³　ljok³²ndok⁵⁵ xam¹³　ŋo⁵³　ljok³²　xjat⁵⁵　tɕu³³　sop³²　nɿ⁵⁵　fa³³　xai³¹ xai³¹ so¹³ haŋ¹³

直译：第　七　丁　巳　日　八　辰　日　六　朵
　　　三　五　六　七　九　十　二　火　棺　棺
　　　梭　项

意译：子年、午年、酉年，禄存星所值的小金宫，第三元甲子的丁巳日、八月的辰日安葬，犯六朵，祸事不断，导致家族死三至十二人不等。

水字：[符号]

音标：jan³¹　sən¹³　ɣa:i³³　fa:ŋ¹³　tai⁵⁵　sui³³　tha:m³³　la:ŋ⁵⁵ qeŋ¹³　ŋo³¹　wan¹³

直译：寅　申　亥　方　大　水　贪　狼
　　　庚　午　日

意译：寅年、申年、亥年，贪狼星所值的大水宫忌庚午日。

水字：[符号]

音标：xi³⁵　tjeŋ¹³　su³³　wan¹³　jat⁵⁵　meu⁵³　wan¹³　çoŋ¹³

二、水书正文译注　157

直译：四　丁　丑　日　乙　卯　日　凶
意译：寅年、申年、亥年，贪狼星所值的大水宫，四月忌丁丑日、乙卯日，凶。

水字：⧆　四　𠃌　⧄　○　※

音标：ti⁵⁵　xi³⁵　jat⁵⁵　meu⁵³　wan¹³　ŋa³¹n̩ət³²tɕi¹³
直译：第　四　乙　卯　日　昴日鸡
意译：寅年、申年、亥年，贪狼星所值的大水宫，第四元甲子中星宿为昴日鸡的乙卯日，凶。

水字：凤　𠄎　○　⧆　一　🐉①　三
　　　㐅　𠆢　𠃌　𠄎　○

音标：xjan¹³　ɣa:i³³　wan¹³　ti⁵⁵　jat⁵⁵　qan³⁵tɕum¹³ljoŋ³¹　xa:m¹³
　　　ɕoŋ¹³　tɕum¹³　jat⁵⁵　ɣa:i³³　wan¹³
直译：辛　亥　日　第　一　亢　金　龙　三
　　　凶　金　乙　亥　日
意译：寅年、申年、亥年，贪狼星所值的大水宫，第一元甲子星宿为亢金龙辛亥日，第三元甲子星宿为亢金龙的乙亥日，凶。

水字：三　十　六　十　二　𕃝

音标：xa:m¹³　xjat⁵⁵　tɕu³³　sop³²　n̩i⁵⁵　so¹³ ha:ŋ¹³
直译：三　七　九　十　二　梭项
意译：寅年、申年、亥年，贪狼星所值的大水宫，以上所列

---

① 此处亢金龙宿为了省写，置于两个日子和两个不同的元中间。

的日子安葬犯梭项，家族死人不断，轻则死三人，重则死十二人。

水字： 𘞃 𘞄 𘞅 𘞆 𘞇 𘞈 𘞉 𘞊
音标：ju⁵³ meu⁵³ xi⁵³ fa:ŋ¹³ xeu³³ sui³³ ljem³¹ khiŋ³⁵
直译： 酉 卯 巳 方 小 水 廉 贞
意译：酉年、卯年、巳年，廉贞星所值的小水宫。

水字： 𘞋 𘞌 𘞍 𘞎 𘞏 𘞐 𘞑
 𘞒 𘞓 𘞔 𘞕 𘞖
音标：ti⁵⁵ ŋo⁵³ tɕi¹³ ju⁵³ wan¹³ pjeŋ³³ xət⁵⁵
 wan¹³ tɕui³⁵ meu⁵³ wan¹³ ɕoŋ¹³
直译： 第 五 己 酉 日 丙 戌
 日 癸 卯 日 凶
意译：酉年、卯年、巳年，廉贞星所值的小水宫，第五元甲子的己酉日、丙戌日、癸卯日，凶。

水字： 𘞗 𘞘 𘞙 𘞚 𘞛 𘞜 𘞝 𘞞
音标：ŋo⁵³ sop³² ɣa:i³³ wan¹³ sop³² jat⁵⁵ mi⁵⁵ wan¹³
直译： 五 十 亥 日 十 一 未 日
意译：酉年、卯年、巳年，廉贞星所值的小水宫，五月、十月忌亥日，十一月忌未日。

水字： 𘞟 𘞠 𘞡 𘞢 𘞣 𘞤 𘞥
音标：xa:m¹³ ljok³² sop³² ȵi⁵⁵ xai³¹ xai³¹ so¹³ ha:ŋ¹³
直译： 三 六 十 二 棺 棺 梭 项

意译：酉年、卯年、巳年，廉贞星所值的小水宫，以上所列的日子都在禁忌之列，犯之家族会死三人、六人、十二人不等。

条目意译：

辰年、戌年、丑年破军星所值的大火宫，第一元甲子忌丙寅日、乙丑日、庚午日、壬子日；

巳年、亥年、未年巨门星所值的小火宫，第二元甲子忌癸卯日、辛巳日、癸子日、庚寅日、庚子日、壬戌日；

丑年、未年、卯年武曲星所值的大金宫，第六元甲子的乙丑日、丁卯日，第七元甲子的乙丑日、丁卯日、壬辰日、丙午日、癸未日，十二月的酉日，八月丁丑日，凶。

子年、午年、酉年禄存星所值的小金宫，第三元甲子的辛未日、丙申日、乙巳日、丁亥日凶，第七元甲子的丁巳日，八月的辰，凶。

寅年、申年、亥年贪狼星所值的大水宫忌庚午日，四月的丁丑日、乙卯日，第四元甲子的乙卯日，第一甲子的辛亥日，第三元甲子的乙亥日；

酉年、卯年、巳年廉贞星所值的小水宫，第五元甲子忌己酉日、丙戌日、癸卯日，五月、十月的亥日，十一月的未日。

注释：

本条目忌安葬，犯之，死伤祸事撒向三家六房，导致家门族下死人不断的恶性循环。

关于死伤人数，在水族民间的计算方法是除了死人之外，死掉一头大的牲畜，如牛匹马等，也算是一棺。

星宿（一）
ni⁵³ tɕom³¹

水字： 𠃌 𠂇 ⺌ 𠃌 𠂇 正 四 寸
　　　 十 下①

音标： xi³³　ŋo³¹　meu⁵³　ju⁵³　mbe¹³　tsjeŋ¹³　xi³⁵　xjat⁵⁵
　　　 sop³²　sjeŋ⁵⁵

直译： 子　午　卯　酉　年　正　四　七
　　　 十　显

意译：子年、午年、卯年、酉年的正月、四月、七月、十月。

水字： 兀　全　乐　乙　全　允　十
　　　 二　全②　𠂇　万　又　𦥑
　　　 𠃌　　　　　　　　　　　又

音标： tai⁵⁵　tɕum¹³　xu⁵³　t̪hok³²　xeu³³　tɕum¹³　ljok³²　xən³¹　sop³²
　　　 ȵi⁵⁵　tɕum¹³　ŋo³¹　fa:ŋ¹³　ɕoŋ¹³　tɕui³³tɕum¹³　ja:ŋ³¹
　　　 ȵu³¹tɕum¹³ȵu³¹　qan³⁵tɕum¹³ljoŋ³¹　loi³¹tɕum¹³　qau³³　ɕoŋ¹³

直译： 大　金　武　曲　小　金　禄　存　十
　　　 二　金　午　方　凶　鬼　金　羊

---

① 𠃌𠂇⺌𠃌𠂇正四寸十下，这是水书的一种句式，读作 xi³³ŋo³¹meu⁵³ju⁵³ tsjeŋ¹³xi³⁵xjat⁵⁵sop³²sjeŋ⁵⁵，把其中的 mbe¹³ 省掉，这种句式水书称为 "mbe¹³khoŋ³³ njeŋ³¹ tjem¹³"，直译为"年拉月垫"，是水书的择用方法，即是所列的禁忌之日，须是在此四年且为此四月才是，不是此四年或不是此四月都不算。

② 十二全，是水语 sop³² ȵi⁵⁵ ni⁵³tɕoŋ³¹ 的记音符号，二十八星宿，水语称 ȵi⁵⁵ sop³² pet⁵⁵ni⁵³ tɕoŋ³¹，有的人也习惯称为 sop³² ȵi⁵⁵ ni⁵³ tɕoŋ³¹，即十二星宿。

牛金牛　亢金龙　　娄金狗　凶

意译：子年、午年、卯年、酉年，正月四月七月十月，武曲星所值的大金宫和禄存星所值的小金宫忌午方，二十八星宿忌鬼金羊、牛金牛、亢金龙、娄金狗等属金的四宿。

水字：𘊼 𘊽 𘊾 𘊿 𘋀 𘋁 𘋂 𘋃 𘋄 𘋅

音标：su³³ mi⁵⁵ sən³¹ xət⁵⁵ mbe¹³ ɲi⁵⁵ ŋo⁵³ pet³⁵ sop³² jat⁵⁵

直译：丑　未　辰　戌　年　二　五　八　十　一

意译：丑年、未年、辰年、戌年的二月、五月、八月、十一月。

水字：𘋆 𘋇 𘋈 𘋉 𘋊 𘋋 𘋌 𘋍
　　　𘋎 𘋏 𘋐 𘋑 𘋒
　　　𘋓 𘋔

音标：tai⁵⁵ fa³³ phuə³⁵ tsəŋ¹³ xeu³³ fa³³ tɕu³¹ mən³¹ ɣa:i³³
fa:ŋ¹³ ɕoŋ¹³ hoi³³ fa³³ʁau¹³ ni⁵³ fa³³ hu³³ jət³² fa³³ sja³¹
sək⁵⁵ fa³³ tsu¹³ ɕoŋ¹³

直译：大　火　破　军　小　火　巨　门　亥
方　凶，觜火猴　　尾火虎　　翼火蛇
室火猪　　凶

意译：丑年、未年、辰年、戌年，二月、五月、八月、十一月，破军星所值的大火宫、巨门星所值的小火宫忌亥方，二十八宿忌觜火猴、尾火虎、翼火蛇、室火猪等属火的四宿。

水字：𘋕 𘋖 𘋗 𘋘 𘋙 𘋚 𘋛 𘋜

162　八宫取用卷译注

水字：十　二

音标：jan³¹　sən¹³　xi⁵³　ɣa:i³³　mbe¹³　xa:m¹³　ljok³²　tɕu³³
　　　sop³²　ɲi⁵⁵

直译：寅　申　巳　亥　年　三　六　九
　　　十　二

意译：寅年、申年、巳年、亥年的三月、六月、九月、十二月。

水字：[水字符号]

音标：tai⁵⁵　sui³³　tha:m³³　la:ŋ⁵⁵　xeu³³　sui³³　ljem³¹　khiŋ³⁵　ju⁵³
　　　fa:ŋ¹³　sam³⁵　sui³³　jon³¹　tɕu³³sui³³　peu³⁵　kən³⁵sui³³jən⁵³
　　　pjek⁵⁵sui³³ɕi¹³　ɕoŋ¹³

直译：大　水　贪　狼　小　水　廉　贞　酉
　　　方　参　水　猿　箕　水　豹　轸　水　蚓
　　　壁　水　貐　凶

意译：寅年、申年、巳年、戌年，三月、六月、九月、十二月，贪狼星所值的大水宫、廉贞星所值的小水宫忌酉方，二十八宿忌参水猿、箕水豹、轸水蚓、壁水貐等属水的四宿。

条目意译：

子午卯酉年，正月四月七月十月，大金宫、小金宫忌午方，鬼金羊、牛金牛、亢金龙、娄金狗等四宿所值的日子最凶。

丑未辰戌年，二月五月八月十一月，大火宫、小火宫忌亥方，觜火猴、尾火虎、翼火蛇、室火猪等四宿所值的日子最凶。

寅申巳戌年，三月六月九月十二月，大水宫、小水宫忌西方，参水猿、箕水豹、轸水蚓、壁水貐等四宿所值的日子最凶。

注释：

本条目按四合年结合月份，记载六宫所忌的方位和星宿。

星宿（二）
ni⁵³ tɕom³¹

水字：丑 禾 昃 下 巫 十 二 工 氺 酉
卩 十 二① 分 畐
芇 丛 夂

音标：su³³ mi⁵⁵ sən³¹ xət⁵⁵ mbe¹³ sop³² n̠i⁵⁵ thu³³ sui³³ ju⁵³ ɕoŋ¹³ sop³² n̠i⁵⁵ lu⁵³ thu³³tsa:ŋ¹³ nju⁵³thu³³fok³² ŋwet³² thu³³ ti³⁵ ti⁵⁵thu³³lok³² ɕoŋ¹³

直译：丑 未 辰 戌 年 十 二 土 水 酉
凶 十 二 柳 土 獐 女 土 蝠
胃 土 雉 氐 土 貉 凶

意译：丑年、未年、辰年、戌年中，凡五行属土、水的酉日，凶；特别是星宿为柳土獐、女土蝠、胃土雉、氐土貉的酉日，凶。

水字：寅 申 工 亥 巫 禾 卯 昃 方 夂
號 ◎ ∂
ㄩ 夂

音标：jan³¹ sən¹³ xi⁵³ ɣa:i³³ mbe¹³ mok³² sən³¹ fa:ŋ¹³ ɕoŋ¹³ qam³⁵ mok³² qa:u¹³ khui¹³mok³² la:ŋ⁵⁵ thu³⁵mok³²ha:i³⁵ ɕeu³³ mok³² ŋa:n⁵⁵ ɕoŋ¹³

直译：寅 申 巳 亥 年 木 卯 辰 方 凶

---

① 十二，此处指的是二十八宿，部分水书先生也将二十八宿（n̠i⁵⁵ sop³² pet³⁵ ni⁵³ tɕom³¹），称为十二宿（sop³² n̠i⁵⁵ ni⁵³ tɕom³¹）。

　　　　角　木　蛟　　　奎　木　狼　　　斗　木　獬
　　　　井　木　犴　　　凶

意译：寅年、申年、巳年、亥年中，凡五行属木的卯日、辰日，凶；特别是星宿为角木蛟、奎木狼、斗木獬、井木犴的卯日、辰日，凶。

条目意译：

　　在十二地支年的丑年、未年、辰年、戌年中，凡五行属土、水的酉日，凶；特别是星宿为柳土獐、女土蝠、胃土雉、氐土貉的酉日，凶。

　　十二地支年的寅年、申年、巳年、亥年中，凡五行属木的卯日、辰日，凶；特别是星宿为角木蛟、奎木狼、斗木獬、井木犴的卯日、辰日，凶。

注释：

　　本条目疑缺"子午卯酉年"一句，经核原件，系原文所无。据掌握资料未能查到与此相同的条目，无从校补，特指出以待来者。

星宿（三）
ni⁵³ tɕom³¹

水字： 申　　 孓　　 衣　　 平　　　 🐉 金①　　　 凶
音标： sən¹³　xi³³　sən³¹　mbe¹³　qan³⁵tɕum¹³ljoŋ³¹　 çoŋ¹³
直译： 申　　 子　　 辰　　 年　　 亢　 金　 龙　　 凶
意译： 申年、子年、辰年，忌星宿为亢金龙的日子，凶。

水字： 工　　 卐　　 亚　　 平　　　 终
音标： xi⁵³　ju⁵³　su³³　mbe¹³　loi³¹tɕum¹³qau³³
直译： 巳　　 酉　　 丑　　 年　　 娄　 金　 狗
意译： 巳年、酉年、丑年，忌星宿为娄金狗的日子。

水字： 光　　 ヰ　　 下　　 平　　　 松工②　　　 凶
音标： jan³¹　ŋo³¹　xət⁵⁵　mbe¹³　lu⁵³thu³³tsa:ŋ¹³　çoŋ¹³
直译： 寅　　 午　　 戌　　 年　　 柳　 土　 獐　　 凶
意译： 寅年、午年、戌年，忌星宿为柳土獐的日子，凶。

水字： 亥　　 ⅎ　　 禾　　 平　　　 龙　　　 凶
音标： ɣa:i³³　meu⁵³　mi⁵⁵　mbe¹³　tsa:ŋ¹³ȵot³²lok³²　çoŋ¹³
直译： 亥　　 卯　　 未　　 年　　 张　 月　 鹿　　 凶
意译： 亥年、卯年、未年，忌星宿为张月鹿的日子，凶。

---

① 🐉金，为亢金龙，不可分开来解。
② 松工，为柳土獐，不可分开来解。

条目意译：

申子辰年忌亢金龙。

巳酉丑年忌娄金狗。

寅午戌年忌柳土獐。

亥卯未年忌张月鹿。

注释：

以上所列四个星宿，安葬犯之，凶。

星宿（四）
ni⁵³ tɕom³¹

水字： 申 子 辰 年 　　　 鬼① 　　 羊
音标： sən¹³ xi³³ sən³¹ mbe¹³ tɕui³³tɕum¹³ ja:ŋ³¹ ɕoŋ¹³
直译： 申 子 辰 年 鬼 金 羊 凶
意译： 申年、子年、辰年，忌星宿为鬼金羊的日子，埋葬凶。

水字： 巳 酉 丑 年 　　　 娄② 金 　 狗 凶 棺
音标： xi⁵³ ju⁵³ su³³ mbe¹³ loi³¹tɕum¹³ qau³³ ɕoŋ¹³ xai³¹
直译： 巳 酉 丑 年 娄 金 狗 凶 棺
意译： 巳年、酉年、丑年，忌星宿为娄金狗的日子，埋葬凶。

水字： 寅 午 戌 年 　　　 牛金牛③ 　　 凶
音标： jan³¹ ŋo³¹ xət⁵⁵ mbe¹³ ɲu³¹ tɕum¹³ ɲu³¹ ɕoŋ¹³
直译： 寅 午 戌 年 牛 金 牛 凶
意译： 寅年、午年、戌年，忌星宿为牛金牛的日子，埋葬凶。

水字：

---

① 此宿原文汉字标注为"斗"，即斗木獬，误。依二十八宿年禽起例推遁，此处为鬼金羊宿。
② 此宿原文误，依二十八宿年禽起例推遁，此处为娄金狗宿。
③ 　，为牛金牛，不可分开来解。

音标：ɣaːi³³ meu⁵³ mi⁵⁵ mbe¹³ qan³⁵tɕum¹³ljoŋ³¹ ɕoŋ¹³ xai³¹
直译：亥　卯　未　年　亢　金　龙　凶　棺
意译：亥年、卯年、未年，忌星宿为亢金龙的日子。

条目意译：

  申子辰年忌鬼金羊。

  巳酉丑年忌娄金狗。

  寅午戌年忌牛金牛。

  亥卯未年忌亢金龙。

注释：

  以上所列四个星宿，在相应的年份埋葬，不能犯，否则家业衰败殆尽，孙子穷困潦倒。

星宿（五）
ni^{53} tɕom^{31}

水字： 囩   三   ㄙ①
音标：sən^{13} xa:m^{13} ȵot^{32} ti^{55}thu^{33}lok^{32}
直译：春   三   月   氐 土 貉
意译：春季的三个月忌星宿为氐土貉的日子。

水字： 攵   三   ㄥ
音标：ja^{53} xa:m^{13} ȵot^{32} ȵu^{31} tɕum^{13} ȵu^{31}
直译：夏   三   月   牛 金 牛
意译：夏季的三个月忌星宿为牛金牛的日子。

水字： 弗   三   羊
音标：xju^{13} xa:m^{13} ȵot^{32} tɕui^{33}tɕum^{13} ja:ŋ^{31}
直译：秋   三   月   鬼 金 羊
意译：秋季的三个月忌星宿为鬼金羊的日子。

水字： 冬   三   ㄡ   ⻊⻊   ㄨ
音标：toŋ^{13} xa:m^{13} ȵot^{32} ɕa:ŋ^{13} ȵot^{32} ma^{53} xai^{31} ɕoŋ^{13}
直译：冬   三   月   星 日 马   棺   凶
意译：冬季的三个月忌星宿为星日马的日子。

---

① 原文此图不易辨，又查现有资料未能找到与此相同的条目，某水书师认为是氐土貉，但又与下文七元星宿起例的氐土貉宿的图形不合。存疑待考。

条目意译：

春季的三个月忌尾火虎宿。

夏季的三个月忌牛金牛宿。

秋季的三个月忌鬼金羊宿。

冬季的三个月忌星日马宿。

注释：

本条目忌埋葬凶，犯之死人。

七元星宿起例
ku³³ ti⁵⁵ tɕan³¹ ni⁵³ tɕom³¹

水字： 𡆧 一 ⸺
音标：ti⁵⁵ jat⁵⁵ su¹³ ȵot³² su¹³
直译：第 一 虚 日 鼠
意译：第一元甲子的甲子年、甲子日从虚日鼠宿起例往后推遁。

水字： 𡆧 二 ⸺
音标：ti⁵⁵ ȵi⁵⁵ khui¹³mok³² la:ŋ⁵⁵
直译：第 二 奎 木 狼
意译：第二元甲子的甲子年、甲子日从奎木狼宿起例往后推遁。

水字： 𡆧 三 ⸺
音标：ti⁵⁵ xa:m¹³ pjət⁵⁵ȵot³² ʔu¹³
直译：第 三 毕 月 乌
意译：第二元甲子的甲子年、甲子日从毕月乌宿起例往后推遁。

水字： 𡆧 四 ⸺
音标：ti⁵⁵ xi³⁵ tɕui³³tɕum¹³ ja:ŋ³¹
直译：第 四 鬼 金 羊
意译：第二元甲子的甲子年、甲子日从鬼金羊宿起例往后推遁。

二、水书正文译注　173

水字：𠮷　 𠃌　 　 𓆙
音标：ti⁵⁵　　ŋo⁵³　　 jət³² fa³³ sja³¹
直译：第　　五　　 翼　火　蛇
意译：第二元甲子的甲子年、甲子日从翼火蛇宿起例往后推遁。

水字：𠮷　 允　 　 山
音标：ti⁵⁵　　ljok³²　 ti⁵⁵thu³³lok³²
直译：第　　六　　 氐　土　貉
意译：第二元甲子的甲子年、甲子日从氐土貉宿起例往后推遁。

水字：𠮷　 十　 𠂆　 又　 𠃌
音标：ti⁵⁵　 xjat⁵⁵　 tɕu³³sui³³peu³⁵　 ɕoŋ¹³　 xai³¹
直译：第　　七　　 箕　水　豹　　凶　　棺
意译：第二元甲子的甲子年、甲子日从箕水豹宿起例往后推遁。

条目意译：

　　第一元甲子从虚日鼠遁二十八宿，
　　第二元甲子从奎木狼遁二十八宿，
　　第三元甲子从毕月乌遁二十八宿，
　　第四元甲子从鬼金羊遁二十八宿，
　　第五元甲子从翼火蛇遁二十八宿，
　　第六元甲子从氐土貉遁二十八宿，

第七元甲子从箕水豹遁二十八宿，凶棺。

注释：
　　本条目是二十八星宿每一甲子年、甲子日的推遁方法。按《象吉通书》年禽起例诗："六十年来本一元，四百二十七元全。一千二百六十岁，三元符将依旧还。"以甲子年论，一个六十甲子年为一元，称一小元，七小元为一大元，共计四百二十年，又分为上、中、下三大元，一个大轮回共一千二百六十年。以甲子日论，通常七个小元为一个周期。

星宿（六）
ni⁵³ tɕom³¹

水字： 正   卍   水   🌿
音标：tsjeŋ¹³ ŋo⁵³ tɕu³³ loi³¹tɕum¹³ qau³³
直译： 正   五   九   娄   金   狗
意译：正月、五月、九月，忌星宿为娄金狗的日子。

水字： 二   兀   十   ⁊⁵   ⊠   ⊟
音标：ȵi⁵⁵ ljok³² sop³² ȵu³¹ tɕum¹³ ȵu³¹ ɕoŋ¹³ xai³¹
直译： 二   六   十   牛   金   牛   凶   棺
意译：二月、六月、十月，忌星宿为牛金牛的日子埋葬，凶。

水字： 三   ナ   十   一   🐏
音标：xa:m¹³ xjat⁵⁵ sop³² jat⁵⁵ tɕui³³tɕum¹³ ja:ŋ³¹
直译： 三   七   十   一   鬼   金   羊
意译：三月、七月、十一月，忌星宿为鬼金羊的日子。

水字： 四   八   十   一   ⁊   ⊠   ⊟
音标：xi³⁵ pet⁵⁵ sop³² ȵi⁵⁵ pjek⁵⁵sui³³ɕi¹³ ɕoŋ¹³ xai³¹
直译： 四   八   十   二   壁   水   貐   凶   棺
意译：四月、八月、十二月，忌星宿为壁水貐的日子，凶。

条目意译：

正月五月九月忌娄金狗，二月六月十月忌牛金牛。

三月七月十一月忌鬼金羊，四月八月十二月忌壁水貐。

注释：

本条目忌安葬，犯之不吉，会再死人。

星宿（七）[①]
ni^{53} tɕom^{31}

水字： 𠄢   三   ⽊
音标： sən^{13} xa:m^{13} ȵot^{32} pjət^{55} ȵot^{32} ʔu^{13}
直译： 春   三   月   毕   月   乌
意译： 春季的三个月忌星宿为毕月乌的日子。

水字： 攵   三   ⿰
音标： ja^{53} xa:m^{13} ȵot^{32} ŋa^{31} ȵət^{32} tɕi^{13}
直译： 夏   三   月   昴   日   鸡
意译： 夏季的三个月忌星宿为昴日鸡的日子。

水字： 非   三   ⿰
音标： xiu^{13} xa:m^{13} ȵot^{32} qan^{35} tɕum^{13} ljoŋ^{31}
直译： 秋   三   月   亢   金   龙
意译： 秋季的三个忌星宿为亢金龙的日子。

水字： 冬   三   ⿰   ⿻
音标： toŋ^{13} xa:m^{13} ȵot^{32} ȵu^{31} tɕum^{13} ȵu^{31} ɕoŋ^{13}
直译： 冬   三   月   牛   金   牛   凶
意译： 冬季的三个月忌星宿为牛金牛的日子，凶。

[①] 本条目原文图形不易辨，依《揭秘水书——水书先生访谈录》（2010）第448页欧海金之说，与王品魁《水书正七卷壬辰卷》（1994）第198页"忌方宿"相异，王书本条目为：春三月昴日鸡，夏三月毕月乌，秋三月亢金龙，冬三月牛金牛。

条目意译：

春季的三个月忌毕月乌宿。

夏季的三个月忌昴日鸡宿。

秋季的三个月忌亢金龙宿。

冬季的三个月忌牛金牛宿。

注释：

本条目汉文献称为"伏断宿"，忌安葬。

星宿(八)
ni⁵³ tɕom³¹

水字:　𝍧　𐅀　🖐

音标:　xi³³　　mbe¹³　　su¹³ ȵot³² su¹³

直译:　子　　年　　虚　日　鼠

意译:　子年忌星宿为虚日鼠的日子。

水字:　𝍨　𐅀　♉

音标:　su³³　　mbe¹³　　thu³⁵ mok³² ha:i³⁵

直译:　丑　　年　　斗　木　獬

意译:　丑年忌星宿为斗木獬的日子。

水字:　𝍩　𐅀　❀①

音标:　jan³¹　　mbe¹³　　sək⁵⁵ fa³³ tsu¹³

直译:　寅　　年　　室　火　猪

意译:　寅年忌星宿为室火猪的日子。

水字:　𝍪　𐅀　🦇

音标:　meu⁵³　　mbe¹³　　nju⁵³thu³³fok³²

直译:　卯　　年　　女　土　蝠

意译:　卯年忌星宿为女土蝠的日子。

---

① 此处为室火猪宿,水语读 sək⁵⁵ fa³³ tsu¹³,故原文用水语 fa³³(火)的语音谐汉字"花"的语音而画一朵花来表示。

水字：　丕　　乓　　　　𝒳
音标：sən³¹　mbe¹³　tɕu³³sui³³ peu³⁵
直译：辰　　年　　箕　水　豹
意译：辰年忌星宿为箕水豹的日子。

水字：　工　　乓　　　　🦎
音标：xi⁵³　mbe¹³　ha:k⁴² ȵot³² thu³⁵
直译：巳　　年　　房　日　兔
意译：巳年忌星宿为房日兔的日子。

水字：　与　　乓　　　𝒳 ①
音标：ŋo³¹　mbe¹³　qam³⁵ mok³² qa:u¹³
直译：午　　年　　角　木　蛟
意译：午年忌星宿为角木蛟的日子。

水字：　禾　　乓　　　𝒳（原文误）
音标：mi⁵⁵　mbe¹³　tsa:ŋ¹³ ȵot³² lok³²
直译：未　　年　　张　月　鹿
意译：未年忌星宿为张月鹿的日子。

水字：　申　　乓　　　𝒳
音标：sən¹³　mbe¹³　tɕui³³ tɕum¹³ ja:ŋ³¹
直译：申　　年　　鬼　金　羊
意译：申年忌星宿为鬼金羊的日子。

---

① 原文误，应为角木蛟宿，𝒳为记音字符，一并误，不解，以待高明。

水字：㔾 ㍺ 碌

音标：ju^{53}　　mbe^{13}　　hoi^{33} fa^{33} ʁau^{13}

直译：酉　　　年　　　觜　火　猴

意译：酉年忌星宿为觜火猴的日子。

水字：下 ㍺ 槲

音标：xət^{55}　　mbe^{13}　　ŋwet^{32} thu^{33} ti^{35}

直译：戌　　　年　　　胃　土　雉

意译：戌年忌星宿为胃土雉的日子。

水字：亠 ㍺ ✳ ㄨ

音标：ɣa:i^{33}　　mbe^{13}　　pjek^{55}sui^{33}ɕi^{13}　　ɕoŋ^{13}

直译：亥　　　年　　　壁　水　貐　凶

意译：亥年忌星宿为壁水貐的日子。

小节意译：

　　　　子年虚日鼠，丑年斗木獬。
　　　　寅年室火猪，卯年女土蝠。
　　　　辰年箕水豹，巳年房日兔。
　　　　午年角木蛟，未年张月鹿。
　　　　申年鬼金羊，酉年觜火猴。
　　　　戌年胃土雉，亥年壁水貐。

注释：

　　　　此条目《象吉通书》称为伏断日，即二十八宿中的十二宿与十二地支特定流逢。忌安葬，同时忌出军、出行、上官、嫁娶、竖柱、上梁等重要民俗活动。宜小儿断乳、塞鼠穴、断白蚁。

四 季 忌
sən¹³ ja³³ tɕi⁵⁵

水字：　🯅　　三　　🯇　　🯈　　🯉①
音标：　sən¹³　xa:m¹³　ju⁵³　si³¹　xoŋ³⁵
直译：　春　　三　　酉　　时　　空洞
意译：　春季的三个月的酉日安葬，家里会接着死人，住宅变成空房。

水字：　🯅　　三　　🯇　　🯈　　🯉②
音标：　ja³³　xa:m¹³　ŋo³¹　si³¹　ɣoŋ⁵³
直译：　夏　　三　　午　　时　　算
意译：　夏季的三个月的午日安葬，眼泪如用箅抬着湿漉漉的东西不断滴落。

水字：　🯅　　三　　🯇　　🯈
音标：　xiu¹³　xa:m¹³　xət⁵⁵　si³¹　toŋ⁵³
直译：　秋　　三　　戌月　　时　　恸哭
意译：　秋季的三个月的戌日安葬，再有亲人亡故而恸哭。

水字：　🯅　　三　　🯇　　🯈　　🯉③
音标：　toŋ¹³　xa:m¹³　mi⁵⁵　si³¹　njan³⁵

---

① 🯉，这是木条窗子的形象，表达房子里空无一人的意思，说明人都死光了。
② 🯉，这是两行泪滴的表征，表示死人。
③ 🯉，表示敲铜鼓的锤子，表示又开控敲铜鼓。铜鼓是水族地区的祭器和乐器，有的地区多用于丧葬仪式。

直译：冬　　三　　　未　　时　　　闹轰轰

意译：冬季的三个月的未日安葬，家里经常为亡人开控，铜鼓声、唢呐声、芦笙声等轰轰作响。

条目意译：

春季三个月忌酉日。

夏季三个月忌午日。

秋季三个月忌戌日。

冬季三个月忌未日。

注释：

本条目忌安葬，犯之会继续死人。所指日子只是方向，需要查阅《水书分割卷》中具体的年、月、日。若没有具体的日子，则需要通过五虎遁出具体的日子。

天 干 忌 时 方[①]

wan¹³ wen¹³ si³¹ fa:ŋ¹³

一、甲乙日

水字： ﹖　　　﹖　　　﹖

音标： tça:p³⁵　　jat⁵⁵　　wan¹³

直译： 甲　　　乙　　　日

意译： 天干为甲、乙的日子。

水字： ﹖　﹖　﹖　﹖　﹖　﹖[②]　﹖

音标： wan¹³　xi³³　tsjeŋ¹³　ɲi⁵⁵　sop³²　　　si³¹

直译： 日　　子　　正　　二　　十　　　　　时

意译： 正月、二月、十月，天干为甲、乙的日子在子时出
　　　 枢，凶。

水字： ﹖　　﹖　　﹖　　﹖　　﹖

[①] 本条目为图表式，是本书最难翻译注解的地方，走访多位水书师均未得到满意解释。也查阅了32函160册的大型水书文献《中国水书》，只找到两三处与此相类似的图表，其前后文与本书不属同一卷本，所得图表写法不一，描绘各殊。亦曾列表（见条目末附表）并列比较，也未能找到可循的规律。对于本条目，我们知道它的内容和用法，却不无法知晓这些特殊图形符号所表达的意思。我们曾认为人形、马形、牛形等为二十八星宿，认为一些特殊符号为水书专用词汇符号，但是前后文所表达并不一致，如若按星宿看，只有鬼金羊、牛金牛、星日马，且以鬼金羊居多，不符合水书编写规律，因此被否认。具体详见相应之处的注脚，不当和存疑之处，敬请方家批评指正。

[②] ﹖，图形符号，一认为斗木獬，一认为金堂，一写为"田"字。存疑待考，下同。

音标：tɕui³⁵　xa:m¹³　pu³¹　sop³²　tɕat⁵⁵
直译：癸　　三　　辅　　十　　吉
意译：三月，天干为甲、乙的日子在天干为癸的时辰出柩，吉。

水字：〇　　丑　　十　　八　　ਖ਼　　十　　乎
音标：wan¹³　su³³　xjat⁵⁵　pet³⁵　　　sop³²　tɕat⁵⁵
直译：日　　丑　　七　　八　　　　　十　　吉
意译：七月、八月，天干为甲、乙的日子在丑时出柩，吉。

水字：〇　　兂　　三　　𠃌①　　ਖ਼　　𠃌
音标：wan¹³　jan³¹　xa:m¹³　ma:ŋ¹³　　　si³¹
直译：日　　寅　　三　　鬼　　　　　时
意译：三月，天干为甲、乙的日子在寅时出柩，凶。

水字：甲　　兊　　一　　杀②　　𠃌
音标：tɕa:p³⁵　ljok³²　jat⁵⁵　tsek³² tu⁵³　si³¹
直译：甲　　六　　一　　则斗　　时
意译：六月，天干为甲、乙的日子在天干为甲的时辰是则斗时，凶。

水字：〇　　ᐊᐊ　　四　　十　　又　　𠃌
音标：wan¹³　meu⁵³　xi³⁵　xjat⁵⁵　çoŋ¹³　si³¹
直译：日　　卯　　四　　七　　凶　　时

---

① 此作"鬼"或"死"讲。作鬼金羊宿讲不具有规律性，存疑待考。下同。
② 杀，作水书专有词汇"则斗"解。一作la:k⁴² sjen¹³ ma:u³¹讲，意译为聪明的人，意思是择吉犯之死聪明的孩子。存疑待考。下同。

意译：四月、七月，天干为甲、乙的日子在卯时出枢，凶。

水字： 𠃍 三 ⌐ ※① 㐅 彡

音标：jat⁵⁵ xa:m¹³ xai³¹ ma⁵³ ɕoŋ¹³ si³¹

直译：乙 三 棺 马 凶 时

意译：三月，天干为甲、乙的日子在天干为乙时辰出枢，凶。

水字： ○ 丞 三 ☉ 平 彡

音标：wan¹³ sən³¹ xa:m¹³ pu³¹ tɕat⁵⁵ si³¹

直译：日 辰 三 辅 吉 时

意译：三月，天干为甲、乙的日子在辰时出枢，吉。

水字： ※② 六 十 平 彡

音标：xən⁵³ tɕu³³ sop³² tɕat⁵⁵ si³¹

直译：巽 九 十 吉 时

意译：九月、十月，天干为甲、乙的日子朝巽方出枢，吉。

水字： ○ 工 兌 八 凵 ᑕ③ 彡

音标：wan¹³ xi⁵³ ljok³² pet³⁵ ka³³ nda:i³³ si³¹

直译：日 巳 六 八 等 得 时

意译：六月、八月，天干为甲、乙的日子巳时出枢，吉。

---

① 此处作"马"讲。一作"星日马"宿讲，一作 san¹³ tok³⁵ ma⁵³，直译为"落马散"，意思是择吉犯之，骑马易致死伤。
② 此字原文省写，水字"辰"作方位即为巽方。
③ 凵ᑕ，一译为 ka³³ nda:i³³，即"等得到"的意思。一认作轸水蚓宿。存疑待考。

水字： 丙　　三　　辅　　吉　　时
音标：pjeŋ³³　xa:m¹³　pu³¹　tɕat⁵⁵　si³¹
直译：丙　　三　　辅　　吉　　时
意译：三月，天干为甲、乙的日子在天干为丙的时辰出枢，吉。

水字：日　　午　　八　　九　　牛①　凶　　时
音标：wan¹³　ŋo³¹　pet³⁵　tɕu³³　ȵu³¹　ɕoŋ¹³　si³¹
直译：日　　午　　八　　九　　牛　　凶　　时
意译：八月、九月，天干为甲、乙的日子午时出枢，凶。

水字：丁　　十　　二　　凶　　时
音标：tjeŋ¹³　sop³²　ȵi⁵⁵　ɕoŋ¹³　si³¹
直译：丁　　十　　二　　凶　　时
意译：十二月，天干为甲、乙的日子在天干为丁的时辰出枢，凶。

水字：日　　未　　六　　三　　时　　吉
音标：wan¹³　mi⁵⁵　ljok³²　xa:m¹³　si³¹　tɕat⁵⁵
直译：日　　未　　六　　三　　时　　吉
意译：三月、六月，天干为甲、乙的日子未时出枢，吉。

水字：天　　三　　十　　朱　　凶

---

① 作"牛"讲。一认作牛金牛宿，此图形另一版本画如，状若猫头鹰。存疑待考。下同。

二、水书正文译注　189

音标： qeŋ¹³　xa:m¹³ sop³²　tsek³² tu⁵³　çoŋ¹³
直译： 庚　　三　　十　　则　斗　　凶
意译： 三月、十月，天干为甲、乙的日子在天干为庚的时辰出枢犯则斗，凶。

水字： ○　　申　　十　　八　　马
音标： wan¹³　sən¹³　xjat⁵⁵　pet³⁵　ma⁵³
直译： 日　　申　　七　　八　　马
意译： 七月、八月，天干为甲、乙的日子申时出枢，凶。

水字： 仅　　八　　六　　吉　　平　　彡
音标： xjan¹³　pet³⁵　tçu³³　　　tçat⁵⁵　si³¹
直译： 辛　　八　　九　　　　吉　　时
意译： 八月、九月，天干为甲、乙的日子在天干为辛的时辰出枢，吉。

水字： ○　　酉　　二　　六　　鬼　　平　　彡
音标： wan¹²　ju⁵³　ȵi³³　ljok³²　ma:ŋ¹³　tçat⁵⁵　si³¹
直译： 日　　酉　　二　　六　　鬼　　吉　　时
意译： 二月、六月，天干为甲、乙的日子酉时出枢，吉。

水字： ○　　戌　　夂　　八　　六　　吉　　彡
音标： wan¹³　xət⁵⁵　ja³³　pet³⁵　tçu³³　　　si³¹
直译： 日　　戌　　夏　　八　　九　　　　时
意译： 八月、九月，天干为甲、乙的日子戌时出枢，凶。

水字： 𰀀① 三 寸 八 十 双 彐

音标：tɕen¹³ xa:m¹³ xjat⁵⁵ pet³⁵ sop³² ɕoŋ¹³ si³¹

直译：乾   三   七   八   十   凶   时

意译：三月、七月、八月、十月，天干为甲、乙的日子朝乾方出柩，凶。

水字： ㅇ 亥 四 十 鬼 彐

音标：wan¹³ ya:i³³ xi³⁵ sop³² ma:ŋ¹³ si³¹

直译：日   亥   四   十   鬼   时

意译：四月、十月，天干为甲、乙的日子亥时出柩，凶。

小节意译：

　　天干为甲、乙的日子出柩时辰、方位宜忌：

　　正月、二月、十月，子时出柩，凶。

　　三月，天干为癸的时辰出柩，吉。

　　七月、八月，丑时出柩，吉。

　　三月，寅时出柩，凶。

　　六月，天干为甲的时辰，凶。

　　四月、七月，卯时出柩，凶。

　　三月，天干为乙时辰，凶。

　　三月，辰时出柩，吉。

　　九月、十月，朝巽方出柩，吉。

　　六月、八月，巳时出柩，吉。

　　三月，天干为丙的时辰出柩，吉。

---

① 此字原文省写，水字"戌"作方位即为乾方。

八月、九月，午时出柩，凶。

十二月，天干为丁的时辰出柩，凶。

三月、六月，未时出柩，吉。

三月、十月，天干为庚的时辰出柩，凶。

七月、八月，申时出柩，凶。

八月、九月，天干为辛的时辰出柩，吉。

二月、六月，酉时出柩，吉。

八月、九月，戌时出柩，凶。

三月、七月、八月、十月，朝乾方出柩，凶。

四月、十月，亥时出柩，凶。

二、丙丁日

水字：

音标：pjeŋ^{33} tjeŋ^{13} wan^{13}

直译：丙　　丁　　日

意译：天干为丙、丁的日子。

水字：

音标：wan^{13} xi^{33} tsjeŋ^{13} xjat^{55} sop^{31} sa^{35} si^{31}

直译：日　　子　　正　　七　　十　　染上　　时

意译：正月、七月、十月，天干为丙、丁的日子在子时出柩，凶。

水字：

---

① 此图形符号未解，一视为鸡嘴而认作昴日鸡宿，存疑待考。

音标：tɕui³⁵　xi³⁵　　　si³¹　　ɕoŋ¹³
直译：癸　　四　　　　时　　凶
意译：四月，天干为丙、丁的日子在天干为癸的时辰出枢，凶。

水字：〇　　王　　十　　一　　🔆　　ヲ　　乂
音标：wan¹³　su³³　sop³²　jat⁵⁵　ma:ŋ¹³　si³¹　ɕoŋ¹³
直译：日　　丑　　十　　一　　鬼　　时　　凶
意译：十一月，天干为丙、丁的日子在丑时出枢，凶。

水字：貝①　四　　正　　🔆　　ヲ　　乂
音标：qən³⁵　xi³⁵　ŋo⁵³　ɲu³¹　si³¹　ɕoŋ¹³
直译：艮　　四　　五　　牛　　时　　凶
意译：四月、五月，天干为丙、丁的日子朝艮方出枢，凶。

水字：〇　　乚　　三　　埊　　平
音标：wan¹³　jan³¹　xa:m¹³pu³¹　tɕat⁵⁵
直译：日　　寅　　三　　辅　　吉
意译：三月，天干为丙、丁的日子在寅时出枢，吉。

水字：甲　　兊　　三　　🔆　　ヲ　　乂
音标：tɕa:p³⁵　ljok³²　xa:m¹³　tsek³² tu⁵³　si³¹　ɕoŋ¹³
直译：甲　　六　　三　　则　　斗　　时　　凶
意译：六月、三月，天干为丙、丁的日子在天干为甲的时辰
　　　出枢，凶。

---

① 此字原文省写，水字"丑"作方位即为艮方。

二、水书正文译注　　193

水字：〇　　⚠　　十　　八　　平　　ヲ
音标：wan¹³　meu⁵³　xjat⁵⁵　pet³⁵　tɕat⁵⁵　si³¹
直译：日　　卯　　七　　八　　吉　　时
意译：七月、八月，天干为丙、丁的日子在卯时出枢，吉。

水字：丂①　　㠯　　允　　十　　〰　　乂　　ヲ
音标：jat⁵⁵　ŋo⁵³　ljok³²　sop³²　xai³¹　ɕoŋ¹³　si³¹
直译：乙　　五　　六　　十　　棺　　凶　　时
意译：五月、六月、十月，天干为丙、丁的日子在天干为乙的时辰出枢，凶。

水字：〇　　丞　　九　　十　　二　　氕　　ヲ　　乂
音标：wan¹³　sən³¹　tɕu³³　sop³²　ȵi⁵⁵　ȵu³¹　si³¹　ɕoŋ¹³
直译：日　　辰　　九　　十　　二　　牛　　时　　凶
意译：九月、十二月，天干为丙、丁的日子在辰时出枢，凶。

水字：〇　　工　　三　　𩽹　　ⅩⅡK②　　ヲ
音标：wan¹³　xi⁵³　xa:m¹³　ma:ŋ⁵³　　　si³¹
直译：日　　巳　　三　　鬼　　　　　时
意译：三月，天干为丙、丁的日子在巳时出枢，凶。

———————
① 此字原文脱，此理校而补。
② ⅩⅡK，一作loŋ³⁵ si³¹，水书专有词汇，意译为"两个时辰的间隙"，时段为前一个时辰的末尾和后一个时辰的开始。一认为像燕尾而视作"危月燕"宿。存疑待考。下同。

水字：[图] [图] [图] [图] [图]
音标：pjeŋ³³ ljok³² tsoŋ³³ si³¹ ɕoŋ¹³
直译：丙 六 宫 时 凶
意译：六月，天干为丙、丁的日子在天干为丙的时辰出柩，继续死人，凶。

水字：[图] [图] [图] [图] [图]
音标：wan¹³ ŋo³¹ xi³⁵ ma:ŋ¹³ si³¹
直译：日 午 四 鬼 时
意译：四月，天干为丙、丁的日子在午时出柩，凶。

水字：[图] [图] [图] [图] [图]① [图]
音标：tjeŋ¹³ pet³⁵ tɕu³³ ȵu³¹ ɕoŋ¹³
直译：丁 八 九 牛 凶
意译：八月、九月，天干为丙、丁的日子在天干为丁的时辰出柩，凶。

水字：[图] [图] [图] [图]② [图]
音标：wan¹³ mi⁵⁵ xa:m¹³ nju⁵³thu³³fok³² si³¹
直译：日 未 三 女 土 蝠 时
意译：三月，天干为丙、丁的日子在未时出柩，凶。

---

① 此处若视为星宿，两宿并列不可信。
② 此处疑是女土蝠宿。本书中鬼金羊和女土蝠两宿图画相似，极易混淆。此处原文图案在腹部加一圆圈，故视为女土蝠。存疑待考。

二、水书正文译注　　195

水字：〖图〗①　〖图〗　〖图〗　〖图〗　〖图〗　〖图〗
音标：fən^{13}　ŋo^{53}　tɕu^{33}　sop^{31}　ka^{33}　ɕoŋ^{13}
直译：坤　　五　　九　　十　　等到　凶
意译：五月、九月、十月，天干为丙、丁的日子朝坤方出枢，凶。

水字：〖图〗　〖图〗　〖图〗　〖图〗　〖图〗　〖图〗　〖图〗　〖图〗
音标：wan^{13}　sən^{13}　xi^{35}　xjat^{55}　sop^{32}　ȵu^{31}　tsek^{32} tu^{53}　ɕoŋ^{13}
直译：日　申　四　七　十　牛　则　斗　凶
意译：四月、七月、十月，天干为丙、丁的日子在申时出枢，凶。

水字：〖图〗　〖图〗　〖图〗　〖图〗　〖图〗　〖图〗②　〖图〗
音标：wan^{13}　ju^{53}　ljok^{32}　sop^{32}　ȵu^{31}　　　si^{31}
直译：日　酉　六　十　牛　　　时
意译：六月、十月，天干为丙、丁的日子在酉时出枢，凶。

水字：〖图〗　〖图〗　〖图〗　〖图〗　〖图〗
音标：xjan^{13}　tɕu^{33}　sop^{32}　ka^{33}　ɕoŋ^{13}
直译：辛　九　十　等到　凶
意译：九月、十月，天干为丙、丁的日子在天干为辛的时辰出枢，凶。

---

① 原文误，此字应为"坤"字，理校而补。
② 〖图〗，一视为"〖图〗"（吉）字的变体，然本条目中多数"吉"字都不如是写。存疑待考。

水字：〇　　丅　　丆　　寸　　𦥑　　川①　　彡

音标：wan¹³　xət⁵⁵　tsjeŋ¹³　xjat⁵⁵　ma:ŋ¹³　　　si³¹

直译：日　　戌　　正　　七　　鬼　　　　时

意译：正月、七月，天干为丙、丁的日子在戌时出枢，凶。

水字：𢁉②　　十　　一　　𠆢③　　又

音标：tɕen¹³　sop³²　jat⁵⁵　fuə³¹　ɕoŋ¹³

直译：乾　　十　　一　　羊　　凶

意译：十一月，天干为丙、丁的日子朝乾方出枢，凶。

水字：〇　　辛　　八　　六　　十　　二　　𢆶④　　彡

音标：wan¹³　ɣa:i³³　pet³⁵　tɕu³³　sop³²　n̠i⁵⁵　　　si³¹

直译：日　　亥　　八　　九　　十　　二　　　　时

意译：八月、九月、十二月，天干为丙、丁的日子在亥时出枢，凶。

水字：壬　　三　　堂　　平

音标：n̠um³¹　xa:m¹³　pu³¹　tɕat⁵⁵

直译：壬　　三　　辅　　吉

意译：三月，天干为丙、丁的日子在天干为壬的时辰出枢，吉。

―――――――――

① 川，拟同第193页 𡿨𠃊，作 loŋ³⁵ si³¹ 解，即"两个时辰的间隙"。存疑待考。

② 此字原文省写，水字"戌"作方位即乾方。

③ 𠆢 图形头部似羊角，作"羊"解，若作"鬼金羊"宿看，与人形的鬼金羊宿不相一致。存疑待考。

④ 𢆶 此图脚部与作鬼讲的图形不一致，不知作何解。存疑待考。

小节意译：

　　天干为丙、丁的日子出柩时辰、方位宜忌：

　　正月、七月、十月，子时出柩，凶。

　　四月，天干为癸的时辰出柩，凶。

　　十一月，丑时出柩，凶。

　　四月、五月，朝艮方出柩，凶。

　　三月，寅时出柩，吉。

　　六月、三月，天干为甲的时辰出柩，凶。

　　七月、八月，卯时出柩，吉。

　　五月、六月、十月，天干为乙的时辰出柩，凶。

　　九月、十二月，辰时出柩，凶。

　　三月，巳时出柩，凶。

　　六月，天干为丙的时辰出柩，继续死人，凶。

　　四月，午时出柩，凶。

　　八月、九月，天干为丁的时辰出柩，凶。

　　三月，未时出柩，凶。

　　五月、九月、十月，朝坤方出柩，凶。

　　四月、七月、十月，申时出柩，凶。

　　六月、十月，酉时出柩，凶。

　　九月、十月，天干为辛的时辰出柩，凶。

　　正月、七月，戌时出柩，凶。

　　十一月，朝乾方出柩，凶。

　　八月、九月、十二月，亥时出柩，凶。

　　三月，天干为壬的时辰出柩，吉。

三、戊己日

水字： ǂ ℛ ○
音标：mu^{55} tɕi^{13} wan^{13}
直译：戊   己   日
意译：天干为戊、己的日子。

水字：○ ⵛ ┼ 八 十 ⚘ ⚙ ⚚
音标：wan^{13} xi^{33} xjat^{55} pet^{35} sop^{32} ȵu^{31} ɕoŋ^{13} si^{31}
直译：日   子   七   八   十   牛   凶   时
意译：七月、八月、十月，天干为戊、己的日子在子时出枢，凶。

水字：⁂ 三 十 ⚘ ⚛ ⚚
音标：tɕui^{35} xa:m^{13} sop^{32} pu^{31} tɕat^{55} si^{31}
直译：癸   三   十   辅   吉   时
意译：三月、十月，天干为戊、己的日子在天干为癸的时辰出枢，吉。

水字：○ ⵛ ℮ ⚘ 六 二ǀǀ[①] ⚙
音标：wan^{13} su^{33} ŋo^{53} ljok^{32} tɕu^{33} ɕoŋ^{13}
直译：日   丑   五   六   九   凶
意译：五月、六月、九月，天干为戊、己的日子在丑时出

---

① 二ǀǀ，此二字符不知作何解，有的写作 ⊤ 或 ⊤，同时也有此ǀǀ字符，因此不知视为一个字符还是两个字符妥当。若把此 ⊤ 字符作紫白九星的 ȵi^{55}xak^{55} "二黑" 解，但ǀǀ字符又不知作何解，故指出，存疑待考。下同。

二、水书正文译注　　199

枢，凶。

水字：〇　　先　　三　　十　　𩰬　　𠀟　　川
音标：wan13　jan31　xa:m13　sop32　ma:ŋ13　tɕat55
直译：日　　寅　　三　　十　　鬼　　吉
意译：三月、十月，天干为戊、己的日子在寅时出枢，吉。

水字：甲　　三　　　　𠀟　　彡
音标：tɕa:p35　xa:m13　　tɕat55　si31
直译：甲　　三　　　　吉　　时
意译：三月，天干为戊、己的日子在天干为甲的时辰出枢，吉。

水字：〇　　⼩　　四　　王　　六　　十　　二　　川　　双
音标：wan13　meu53　xi35　ŋo53　tɕu33　sop32　ṇi55　　　ɕoŋ13
直译：日　　卯　　四　　五　　九　　十　　二　　　　凶
意译：四月、五月、九月、十二月，天干为戊、己的日子在卯时出枢，凶。

水字：乙　　𡈼　　三　　寸　　𠀟
音标：jat55　pu31　xa:m13　xjat55　tɕat55
直译：乙　　辅　　三　　七　　吉
意译：三月、七月，天干为戊、己的日子在天干为乙的时辰出枢，吉。

水字：〇　　𠀟　　八　　十　　一　　𑀢　　二川　　彡

音标：wan¹³　　sən³¹　pet³⁵　　sop³²　jat⁵⁵　ma⁵³　　　si³¹
直译：日　　　辰　　八　　　十　　一　　马　　　　时
意译：八月、十一月，天干为戊、己的日子在辰时出
　　　枢，凶。

水字：㊀①　　十　　二　　　允　　　　　　

音标：xən⁵³　sop³²　ȵi⁵⁵　ljok³²　ma:ŋ¹³　si³¹　 ɕoŋ¹³
直译：巽　　十　　二　　六　　　鬼　　　时　　凶
意译：六月、十二月，天干为戊、己的日子朝巽方出
　　　枢，凶。

水字：

音标：wan¹³　xi⁵³　pet³⁵　tɕu³³　sop³²　ma:ŋ¹³　　si³¹
直译：日　　巳　　八　　　九　　　十　　鬼　　　　时
意译：八月、九月、十月，天干为戊、己的日子在巳时出
　　　枢，凶。

水字：

音标：pjeŋ³³　xa:m¹³　pu³¹　ma:ŋ¹³　tɕat⁵⁵　si³¹
直译：丙　　　三　　　辅　　鬼　　　吉　　　时
意译：三月，天干为戊、己的日子在天干为丙的时辰出
　　　枢，吉。

水字：

────────────
① 此字原文省写，水字"辰"作方位即为巽方。

二、水书正文译注　　201

音标：wan¹³　ŋo³¹　xi³⁵　ŋo⁵³　xjat⁵⁵　tsoŋ³³　　si³¹　tɕat⁵⁵
直译：日　　午　　四　　五　　七　　宫　　　时　　吉
意译：四月、五月、七月，天干为戊、己的日子在午时出
　　　枢，吉。

水字：丁①　四　寸　十　𤰔　彡
音标：tjeŋ¹³　xi³⁵　xjat⁵⁵　sop³²　ȵu³¹　si³¹
直译：丁　　四　　七　　十　　牛　　时
意译：四月、七月、十月，天干为戊、己的日子在天干为丁
　　　的时辰出枢，凶。

水字：Ο　禾　三　𩵋　平　彡
音标：wan¹³　mi⁵⁵　xa:m¹³　ma:ŋ¹³　tɕat⁵⁵　si³¹
直译：日　　未　　三　　鬼　　吉　　时
意译：三月，天干为戊、己的日子在未时出枢，吉。

水字：呻②　八　十　二　𣏾　乂
音标：fən¹³　pet³⁵　sop³²　ȵi⁵⁵　ma⁵³　ɕoŋ¹³
直译：坤　　八　　十　　二　　马　　凶
意译：八月、十二月，天干为戊、己的日子朝坤方出枢，
　　　凶。

水字：Ο　申　三　六　𩵋

---

① 此字原文脱，理校而补。
② 此字原文省写，水字"未"作方位即为坤方。

音标：wan¹³　sən¹³　xa:m¹³　tɕu³³　ma:ŋ¹³
直译：日　　申　　三　　九　　鬼
意译：三月、九月，天干为戊、己的日子在申时出枢，凶。

水字：
音标：qeŋ¹³　xi³⁵　xjat⁵⁵　ɕoŋ¹³　si³¹
直译：庚　　四　　七　　凶　　时
意译：四月、七月，天干为戊、己的日子在天干为庚的时辰出枢，凶。

水字：
音标：wan¹³　ju⁵³　xjat⁵⁵　pet³⁵　tɕu³³　ɲu³¹
直译：日　　酉　　七　　八　　九　　牛
意译：七月、八月、九月，天干为戊、己的日子在酉时出枢，凶。

水字：
音标：xjan¹³　xa:m¹³　xi³⁵　ŋo⁵³　tsek³² tu⁵³　si³¹　ɕoŋ¹³
直译：辛　　三　　四　　五　　则　斗　　时　凶
意译：三月、四月、五月，天干为戊、己的日子在天干为辛的时辰出枢，凶。

水字：
音标：wan¹³　xət⁵⁵　sop³²　jat⁵⁵　ma:ŋ¹³　ɕoŋ¹³　si³¹　tɕat⁵⁵
直译：日　　戌　　十　　一　　鬼　　凶　　时　吉
意译：十一月，天干为戊、己的日子在戌时出枢，凶。

水字：𰻝①　六　十　一　鬼　时　吉
音标：tɕen¹³　tɕu³³　sop³²　jat⁵⁵　ma:ŋ¹³　si³¹　tɕat⁵⁵
直译：乾　　九　　十　　一　　鬼　　　时　　吉
意译：九月、十一月，天干为戊、己的日子朝乾方出柩，吉。

水字：◯　亥　四　七　八　二　时　吉
音标：wan¹³　ɣa:i³³　xi³⁵　xjat⁵⁵　pet³⁵　　　si³¹　tɕat⁵⁵
直译：日　　亥　　四　　七　　八　　　　时　　吉
意译：四月、七月、八月，天干为戊、己的日子在亥时出柩，吉。

水字：壬　三　六　九　鬼　时　吉
音标：ȵum³¹　xa:m¹³　ljok³²　tɕu³³　ma:ŋ¹³　si³¹　tɕat⁵⁵
直译：壬　　三　　六　　九　　鬼　　时　　吉
意译：三月、六月、九月，天干为戊、己的日子在天干为壬的时辰出柩，吉。

小节意译：

　　天干为戊、己的日子出柩时辰、方位宜忌：

　　七月、八月、十月，子时出柩，凶。

　　三月、十月，天干为癸的时辰出柩，吉。

　　五月、六月、九月，丑时出柩，凶。

---

① 此字原文省写，水字"戌"作方位即为乾方。

三月、十月，寅时出枢，吉。

三月，天干为甲的时辰出枢，吉。

四月、五月、九月、十二月，卯时出枢，凶。

三月、七月，天干为乙的时辰出枢，吉。

八月、十一月，辰时出枢，凶。

六月、十二月，朝巽方出枢，凶。

八月、九月、十月，巳时出枢，凶。

三月，天干为丙的时辰出枢，吉。

四月、五月、七月，午时出枢，吉。

四月、七月、十月，天干为丁的时辰出枢，凶。

三月，未时出枢，吉。

八月、十二月，朝坤方出枢，凶。

三月、九月，申时出枢，凶。

四月、七月，天干为庚的时辰出枢，凶。

七月、八月、九月，酉时出枢，凶。

三月、四月、五月，天干为辛的时辰出枢，凶。

十一月，戌时出枢，凶。

九月、十一月，朝乾方出枢，吉。

四月、七月、八月，亥时出枢，吉。

三月、六月、九月，天干为壬的时辰出枢，吉。

四、庚辛日

水字：禾　　似　　〇

音标：qeŋ[13]　　xjan[13]　　wan[13]

直译：庚　　　辛　　　日

意译：天干为庚、辛的日子。

二、水书正文译注　205

水字：〇　ㄨ　十　一　十　二　鬼　丐　凶

音标：wan¹³　xi³³　sop³²　jat⁵⁵　sop³²　ɲi⁵⁵　ma:ŋ¹³　si³¹　çoŋ¹³

直译：日　子　十　一　十　二　鬼　时　凶

意译：十一月、十二月，天干为庚、辛的日子在子时出枢，凶。

水字：癸　寸　八　六　馬　凶

音标：tɕui³⁵　xjat⁵⁵　pet³⁵　tɕu³³　ma⁵³　çoŋ¹³

直译：癸　七　八　九　马　凶

意译：七月、八月、九月，天干为庚、辛的日子在天干为癸的时辰出枢，凶。

水字：〇　丑　三　辅　吉　丐

音标：wan¹³　su³³　xa:m¹³　pu³¹　tɕat⁵⁵　si³¹

直译：日　丑　三　辅　吉　时

意译：三月，天干为庚、辛的日子在丑时出枢，吉。

水字：艮①　十　二　十　川　三　凶

音标：qan⁵³　sop³²　ɲi⁵⁵　xjat⁵⁵　xa:m¹³　çoŋ¹³

直译：艮　十　二　七　三　凶

意译：七月、十二月，天干为庚、辛的日子朝艮方出枢，吉。三月，天干为庚、辛的日子朝艮方出枢，凶。

水字：〇　兑　二　川　凶

————————

① 此处水字艮作方位讲，表示艮方。

音标：wan¹³ jan³¹ ljok³² n̠i⁵⁵ çoŋ¹³

直译：日　寅　六　二　　凶

意译：二月、六月，天干为庚、辛的日子在寅时出枢，凶。

水字：甲　十　二　凶　时

音标：tɕa:p³⁵ sop³² n̠i⁵⁵ çoŋ¹³ si³¹

直译：甲　十　二　凶　时

意译：十二月，天干为庚、辛的日子在天干为甲的时辰出枢，凶。

水字：〇　卯　十　凶

音标：wan¹³ meu⁵³ sop³² çoŋ¹³

直译：日　卯　十　凶

意译：十月，天干为庚、辛的日子在卯时出枢，凶。

水字：乙　四　五　九　吉

音标：jat⁵⁵ xi³⁵ ŋo⁵³ tɕu³³ tɕat⁵⁵

直译：乙　四　五　九　吉

意译：四月、五月、九月，天干为庚、辛的日子在天干为乙的时辰出枢，吉。

水字：〇　辰　三　鬼　辅　吉　时　七　八　十　二　∥　凶

音标：wan¹³ sən³¹ xa:m¹³ ma:ŋ¹³ pu³¹ tɕat⁵⁵ si³¹ xjat⁵⁵ pet³⁵ sop³² n̠i⁵⁵ çoŋ¹³

直译：日　辰　三　鬼　辅　吉　时　七

　　　　　　八　十　二　　　凶
意译：三月，天干为庚、辛的日子在辰时出柩，吉。七月、八
　　　月、十二月，天干为庚、辛的日子在辰时出柩，凶。

水字：　⸺①　三　⸺　⸺
音标：xən⁵³　xa:m¹³　ma:ŋ¹³　tɕat⁵⁵
直译：巽　　三　　鬼　　吉
意译：三月，天干为庚、辛的日子朝巽方出柩，吉。

水字：　○　⸺　三　十　二　⸺　⸺
音标：wan¹³　xi⁵³　xa:m¹³　xjat⁵⁵　n̠i⁵⁵　ɕoŋ¹³　si³¹
直译：日　　巳　　三　　七　　二　　凶　　时
意译：二月、三月、七月，天干为庚、辛的日子在巳时出
　　　柩，凶。

水字：　⸺　⸺　⸺　⸺　⸺
音标：pjeŋ³³　ti⁵⁵　nam³¹　ɕoŋ¹³　tɕat⁵⁵
直译：丙　　第　　撒满　　凶　　吉
意译：二月、三月、七月，天干为庚、辛的日子在天干为丙
　　　的时辰出柩，视亡命情况或为凶或为吉。

水字：　○　⸺　十　八　⸺　⸺
音标：wan¹³　ŋo³¹　xjat⁵⁵　pet³⁵　tɕu³³　n̠u³¹
直译：日　　午　　七　　八　　九　　牛

―――――――
① 此字原文省写，水字"辰"作方位即为巽方。

意译：七月、八月、九月，天干为庚、辛的日子在午时出
枢，凶。

水字： 丁　　三　　𡈼　　 平
音标：tjeŋ¹³　xa:m¹³　pu³¹　tɕat⁵⁵
直译：丁　　三　　辅　　吉
意译：三月，天干为庚、辛的日子在天干为丁的时辰出
枢，吉。

水字： 〇　　禾　　四　　乇　　六　　朱
音标：wan¹³　mi⁵⁵　xi³⁵　ŋo⁵³　tɕu³³　tsek³²　tu⁵³
直译：日　　未　　四　　五　　九　　则　　斗
意译：四月、五月、九月，天干为庚、辛的日子在未时出
枢，凶。

水字： 仅　　六　　十　　及　　彡
音标：xjan¹³　tɕu³³　sop³²　ɕoŋ¹³　si³¹
直译：辛　　九　　十　　凶　　时
意译：九月、十月，天干为庚、辛的日子在天干为辛的时辰
出枢，凶。

水字： 〇　　申　　三　　乇　　才　　及　　彡
音标：wan¹³　sən¹³　xa:m¹³　ŋo⁵³　xjat⁵⁵　ɕoŋ¹³　si³¹
直译：日　　申　　三　　五　　七　　凶　　时
意译：三月、五月、七月，天干为庚、辛的日子在申时出
枢，凶。

水字：丞　四　六　久

音标：qeŋ¹³　xi³⁵　tɕu³³　ɕoŋ¹³

直译：庚　四　九　凶

意译：四月、九月，天干为庚、辛的日子在天干为庚的时辰出柩，凶。

水字：〇　丕　正　十　十　ᵐ　ᵂ　ヲ

音标：wan¹³　ju⁵³　tsjeŋ¹³　xjat⁵⁵　sop³²　xai³¹　fuə³¹　si³¹

直译：日　酉　正　七　十　棺　羊　时

意译：正月、七月、十月，天干为庚、辛的日子在酉时出柩，凶。

水字：✕①　八　六　十　ᵐ　久　ヲ

音标：toi⁵⁵　pet³⁵　tɕu³³　sop³²　ma:ŋ¹³　ɕoŋ¹³　si³¹

直译：兑　八　九　十　鬼　凶　时

意译：八月、九月、十月，天干为庚、辛的日子朝兑方出柩，凶。

水字：〇　下　毛　允　十　ᵅ　ヲ

音标：wan³¹　xət⁵⁵　ŋo⁵³　ljok³²　sop³²　ȵu³¹　si³¹

直译：日　戌　五　六　十　牛　时

意译：五月、六月、十月，天干为庚、辛的日子在戌时出柩，凶。

---

① 此字原文省写，水字"酉"作方位即为兑方。

水字： 〇　亍　十　八　六　𥄢①　刂　彡
音标：wan³¹　ɣa:i³³　xjat⁵⁵　pet³⁵　tɕu³³　　　　si³¹
直译： 日　　亥　　七　　八　　九　　　　　时
意译：七月、八月、九月，天干为庚、辛的日子在亥时出枢，凶。

水字： 壬　十　ᕹ　苦　彡　平
音标：ȵum³¹　sop³²　tsoŋ³³　ma:ŋ¹³　si³¹　tɕat⁵⁵
直译： 壬　　十　　宫　　鬼　　时　　吉
意译：十月，天干为庚、辛的日子在天干为壬的时辰出枢，吉。

小节意译：

　　天干为庚、辛的日子出枢时辰、方位宜忌：
　　十一月、十二月，子时出枢，凶。
　　七月、八月、九月，天干为癸的时辰出枢，凶。
　　三月，丑时出枢，吉。
　　七月、十二月，朝艮方出枢，吉。三月，朝艮方出枢，凶。
　　二月、六月，寅时出枢，凶。
　　十二月，天干为甲的时辰出枢，凶。
　　十月，卯时出枢，凶。
　　四月、五月、九月，天干为乙的时辰出枢，吉。

---

① 𥄢，一作 pa³¹（耙）讲。存疑待考。

三月，辰时出枢，吉。七月、八月、十二月，辰时出枢，凶。

三月，朝巽方出枢，吉。

二月、三月、七月，巳时出枢，凶。

二月、三月、七月，天干为丙的时辰出枢，视亡命情况或为凶或为吉。

七月、八月、九月，午时出枢，凶。

三月，天干为丁的时辰出枢，吉。

四月、五月、九月，未时出枢，凶。

九月、十月，天干为辛的时辰出枢，凶。

三月、五月、七月，申时出枢，凶。

四月、九月，天干为庚的时辰出枢，凶。

正月、七月、十月，酉时出枢，凶。

八月、九月、十月，朝兑方出枢，凶。

五月、六月、十月，戌时出枢，凶。

七月、八月、九月，亥时出枢，凶。

十月，天干为壬的时辰出枢，吉。

五、壬癸日

水字：壬 癸 〇

音标：ȵum^{31} tɕui^{35} wan^{13}

直译：壬 癸 日

意译：天干为壬、癸的日子。

水字：〇 三 寸 八 六 叉 彡

音标：wan^{13} xi^{33} xjat^{55} pet^{35} tɕu^{33} ɕoŋ^{13} si^{31}

直译：日　子　七　八　九　凶　时
意译：七月、八月、九月，天干为壬、癸的日子在子时出枢，凶。

水字：
音标：tɕui³⁵　xa:m¹³　pu³¹　tɕat⁵⁵　si³¹
直译：癸　　三　　辅　　吉　　时
意译：三月，天干为壬、癸的日子在天干为癸的时辰出枢，吉。

水字：
音标：wan¹³　su³³　xa:m¹³　xjat⁵⁵　tɕu³³　ɲu³¹　si³¹
直译：日　　丑　　三　　七　　九　　牛　　时
意译：三月、七月、九月，天干为壬、癸的日子在丑时出枢，凶。

水字：①
音标：qan³⁵　xa:m¹³　pu³¹　tɕat⁵⁵　si³¹
直译：艮　　三　　辅　　吉　　时
意译：三月，天干为壬、癸的日子朝艮方出枢，吉。

水字：
音标：wan¹³　jan³¹　pet³⁵　tɕu³³　sop³²　ma:ŋ¹³　ɕoŋ¹³　si³¹
直译：日　　寅　　八　　九　　十　　鬼　　凶　　时

---

① 此字原文省写，水字"丑"作方位即为艮方。

意译：八月、九月、十月，天干为壬、癸的日子在寅时出枢，凶。

水字： 甲 合① 三 寸 十 又 ヨ
音标： tɕa:p³⁵ nda:u³³ xa:m¹³ xjat⁵⁵ sop³² ɕoŋ¹³ si³¹
直译： 甲 对 三 七 十 凶 时
意译：三月、七月、十月，天干为壬、癸的日子在天干为甲的时辰出枢，凶。

水字： 〇 卯 三 鬼 十 二 又
音标： wan¹³ meu⁵³ xa:m¹³ ma:ŋ¹³ sop³² ȵi⁵⁵ ɕoŋ¹³
直译： 日 卯 三 鬼 十 二 凶
意译：三月、十二月，天干为壬、癸的日子在卯时出枢，凶。

水字： 乙 三 辅 吉 ヨ
音标： jat⁵⁵ xa:m¹³ pu³¹ tɕat⁵⁵ si³¹
直译： 乙 三 辅 吉 时
意译：三月，天干为壬、癸的日子在天干为乙的时辰出枢，吉。

水字： 〇 辰 正 四 五 撒满 ヨ
音标： wan¹³ sən³¹ tsjeŋ¹³ xi³⁵ ŋo⁵³ nam³¹ si³¹
直译： 日 辰 正 四 五 撒满 时

---

① 此字为汉字"合"字，当地汉语方言"合"即对、正确的意思。

意译：正月、四月、五月，天干为壬、癸的日子在辰时出枢，凶。

水字：※① 十 몸 又 彡
音标：xən⁵³ xjat⁵ ma:ŋ¹³ çoŋ¹³ si³¹
直译：巽 七 鬼 凶 时
意译：七月，天干为壬、癸的日子朝巽方出枢，凶。

水字：〇 コ 十 一 十 二 中 二│ 又
音标：wan¹³ xi⁵³ sop³² jat⁵⁵ sop³² ȵi⁵⁵ nam³¹ çoŋ¹³
直译：日 巳 十 一 十 二 撒满 凶
意译：十一月、十二月，天干为壬、癸的日子在巳时出枢，凶。

水字：丙 三 ⛯ 平 彡
音标：pjeŋ³³ xa:m¹³ pu³¹ tɕat⁵⁵ si³¹
直译：丙 三 辅 吉 时
意译：三月，天干为壬、癸的日子在天干为丙的时辰出枢，吉。

水字：〇 キ 八 六 ⺣ 彡
音标：wan¹³ ŋo³¹ pet³⁵ tɕu³³ ma⁵³ si³¹
直译：日 午 八 九 马 时
意译：八月、九月，天干为壬、癸的日子在午时出枢，凶。

---

① 此字原文省写，水字"辰"作方位即为巽方。

水字：丅 乇 鬼 平
音标：tjeŋ¹³　ŋo⁵³　ma:ŋ¹³　tɕat⁵⁵
直译：丁　　五　　鬼　　吉
意译：五月，天干为壬、癸的日子在天干为丁的时辰出枢，吉。

水字：〇 禾 乇 兯 犮 二丿 𠂇
音标：wan¹³　mi⁵⁵　ŋo⁵³　ljok³²　ȵu³¹　　　ma⁵³
直译：日　　未　　午　　六　　牛　　　　　马
意译：五月、六月，天干为壬、癸的日子在未时出枢，凶。

水字：禾 八 六 十 平
音标：qeŋ¹³　pet³⁵　tɕu³³　sop³²　tɕat⁵⁵
直译：庚　　八　　九　　十　　吉
意译：八月、九月、十月，天干为壬、癸的日子在天干为庚的时辰出枢，吉。

水字：〇 申 地 鬼 平
音标：wan¹³　sən¹³　ti⁵⁵　ma:ŋ¹³　tɕat⁵⁵
直译：日　　申　　地　　鬼　　吉
意译：天干为壬、癸的日子在申时出枢，吉。

水字：仅 正 乇 六 犮 又
音标：xjan¹³　tɕjeŋ¹³　ŋo⁵³　ɕoŋ¹³　ȵu³¹　ɕoŋ¹³
直译：辛　　正　　　五　　九　　牛　　凶

意译：正月、五月、九月，天干为壬、癸的日子在天干为辛的时辰出枢，凶。

水字： 〇 酉 三 六 七 则斗

音标：wan¹³ ju⁵³ xa:m¹³ ljok³² xjat⁵⁵ tsek³² tu⁵³

直译：日 酉 三 六 七 则 斗

意译：三月、六月、七月，天干为壬、癸的日子在酉时出枢，凶。

水字： 辛 七 八 十 撒满 凶 时

音标：xjan¹³ xjat⁵⁵ pet³⁵ sop³² nam³¹ ɕoŋ¹³ si³¹

直译：辛 七 八 十 撒满 凶 时

意译：七月、八月、十月，天干为壬、癸的日子在天干为辛的时辰出枢，凶。

水字： 〇 戌 三 七 九 凶 时

音标：wan¹³ xət⁵⁵ xa:m¹³ xjat⁵⁵ tɕu³³ ɕoŋ¹³ si³¹

直译：日 戌 三 七 九 凶 时

意译：三月、七月、九月，天干为壬、癸的日子在戌时出枢，凶。

水字： 乾① 七 八 吉

音标：tɕen¹³ xjat⁵⁵ pet³⁵ tɕat⁵⁵

直译：乾 七 八 吉

---

① 此字原文省写，水字"戌"作方位即为乾方。

意译：七月、八月，天干为壬、癸的日子朝乾方出枢，吉。

水字：〇　辛　十　一　申　二川　平
音标：wan¹³　ɣa:i³³　sop³²　jat⁵⁵　nam³¹　　　tɕat⁵⁵
直译：日　　亥　　十　　一　　撒满　　　　吉
意译：十一月，天干为壬、癸的日子在亥时出枢，吉。

水字：壬　十　八　九　无①　二小②　三　平
音标：ȵum³¹　xjat⁵⁵　pet³⁵　tɕu³³　　　　　xa:m¹³　tɕat⁵⁵
直译：壬　　七　　八　　九　　　　　　　　三　　吉
意译：七月、八月、九月，天干为壬、癸的日子在天干为壬的时辰出枢，吉。

小节意译：

天干为壬、癸的日子出枢时辰、方位宜忌：

七月、八月、九月，子时出枢，凶。

三月，天干为癸的时辰出枢，吉。

三月、七月、九月，丑时出枢，凶。

三月，朝艮方出枢，吉。

八月、九月、十月，寅时出枢，凶。

三月、七月、十月，天干为甲的时辰出枢，凶。

三月、十二月，卯时出枢，凶。

---

① 无，此字极像本书原件第 15 页第一列倒数第三字，若是，即是"亢"字，表示亢金龙宿；若作兀（大）字看，上面还有一横。故指出，存疑待考。
② 小，疑为小之误，若不是可作 "ta³⁵ si³¹" 解，即一个时辰的正中间。存疑待考。

三月，天干为乙的时辰出柩，吉。

正月、四月、五月，辰时出柩，凶。

七月，朝巽方出柩，凶。

十一月、十二月，巳时出柩，凶。

三月，天干为丙的时辰出柩，吉。

八月、九月，午时出柩，凶。

五月，天干为丁的时辰出柩，吉。

五、六月，未时出柩，凶。

八月、九月、十月，天干为庚的时辰出柩，吉。

申时出柩，吉。

正月、五月、九月，天干为辛的时辰出柩，凶。

三月、六月、七月，酉时出柩，凶。

七月、八月、十月，天干为辛的时辰出柩，凶。

三月、七月、九月，戌时出柩，凶。

七月、八月，朝乾方出柩，吉。

十一月，亥时出柩，吉。

七月、八月、九月，天干为壬的时辰出柩，吉。

注释：

本条目按甲乙、丙丁、戊己、庚辛、壬癸等十天干日，选择出柩的时辰和方位。

附：本条目并列比较表

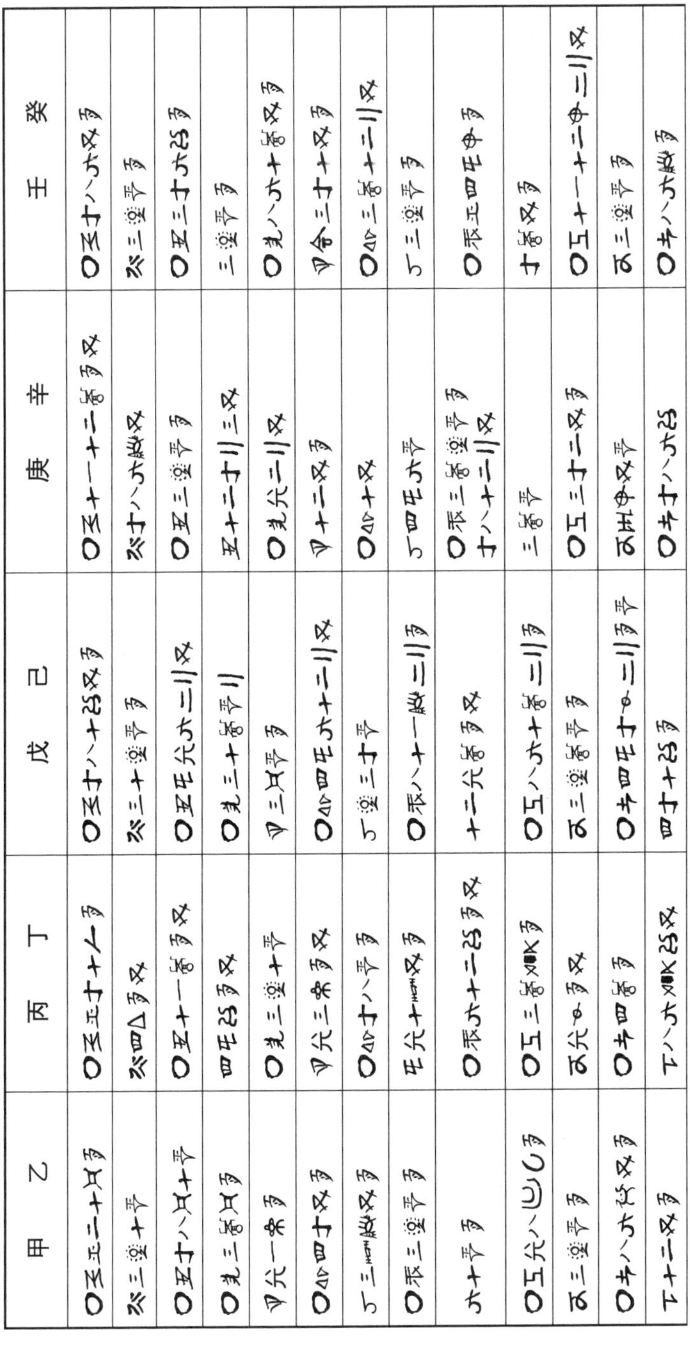

（续表）

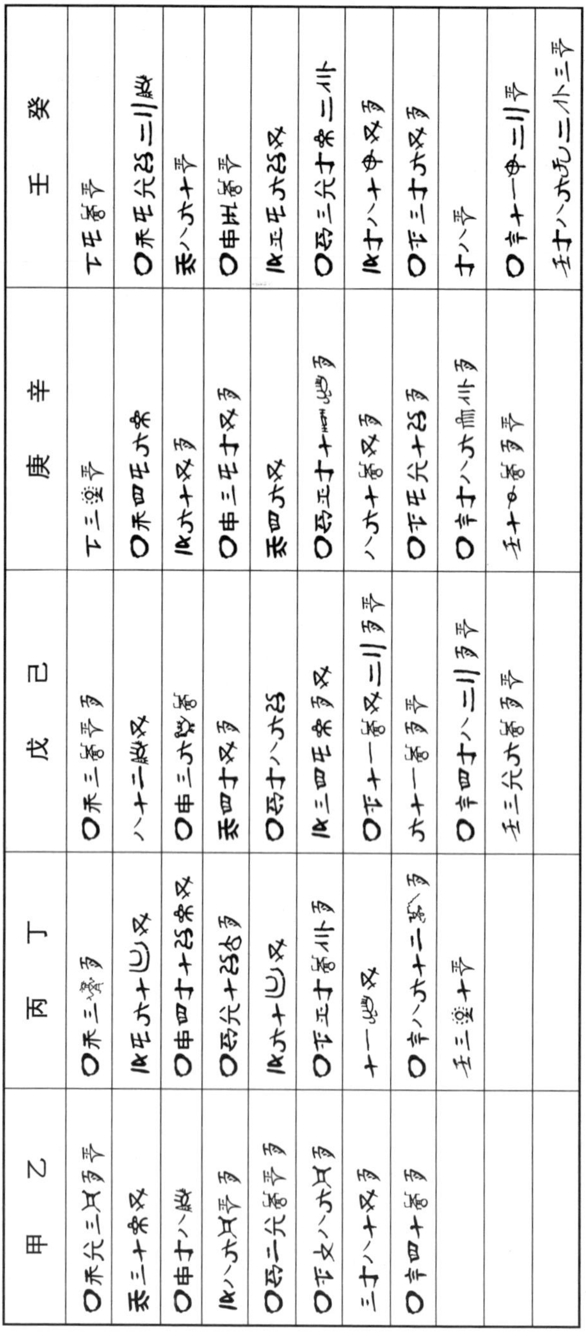

五虎方（一）

ŋo⁵³ xu³³ fa:ŋ¹³

水字： [水字符号] [水字符号] [水字符号] [水字符号] [水字符号] [水字符号] [水字符号] [水字符号]
　　　 [水字符号] [水字符号] [水字符号] [水字符号]

音标： xi³³　ŋo³¹　meu⁵³　ju⁵³　mbe¹³　sən³¹　xət⁵⁵　fa:ŋ¹³
　　　 ŋo⁵³xu³³　　xai³¹　　ŋo⁵³　　ɕoŋ¹³

直译： 子　午　卯　酉　年　辰　戌　方
　　　 五　虎　棺　五　凶

意译： 地支为子、午、卯、酉的年份，辰方、戌方是五虎方，避免辰、戌的时日和方位安葬，犯之死人，凶。

水字： [水字符号] [水字符号] [水字符号] [水字符号] [水字符号] [水字符号] [水字符号] [水字符号]
　　　 [水字符号] [水字符号] [水字符号] [水字符号]

音标： su³³　mi⁵⁵　sən³¹　xət⁵⁵　mbe¹³　meu⁵³　ju⁵³　fa:ŋ¹³
　　　 ŋo⁵³ xu³³　　xai³¹　　ŋo⁵³　　ɕoŋ¹³

直译： 丑　未　辰　戌　年　卯　酉　方
　　　 五　虎　棺　五　凶

意译： 地支为丑、未、辰、戌的年份，卯方、酉方是五虎方，避免卯、酉的时日和方位安葬，犯之死人，凶。

水字： [水字符号] [水字符号] [水字符号] [水字符号] [水字符号] [水字符号] [水字符号] [水字符号]
　　　 [水字符号] [水字符号] [水字符号] [水字符号]

音标： jan¹³　sən¹³　xi⁵³　ɣa:i³³　mbe¹³　jan¹³　sən¹³　fa:ŋ¹³
　　　 ŋo⁵³　xu³³　xai³¹　ɕoŋ¹³

直译： 寅　申　巳　亥　年　寅　申　方

五　虎　棺　凶

意译：地支为寅、申、巳、亥的年份，寅方、申方是五虎方，避免寅、申的时日和方位安葬，犯之死人，凶。

条目意译：

子午卯酉年忌辰戌方。

丑未辰戌年忌卯酉方。

寅申巳亥年忌寅申方。

注释：

五虎方，年上忌方，这只是一个大的方向，具体择用以《分割卷》相应条目明细为准。忌安葬，犯之死人，凶。

五虎方（二）
ŋo⁵³ xu³³ fa:ŋ¹³

水字： 𛰀 一 㐄 丂 王 丆 屯 𠙴
　　　 𠙷 㐅

音标： ti⁵⁵ jat⁵⁵ jan³¹ fa:ŋ¹³ su³³ si³¹ ŋo⁵³ xu³³ xai³¹ çoŋ¹³

直译： 第 一 寅 方 丑 时 五 虎 棺 凶

意译： 第一元甲子寅方、丑时犯五虎，择吉犯之死人，凶。

水字： 𛰀 二 ⸱⸱ 丂 㐄 丆 屯 𠙴
　　　 𠙷 㐅

音标： ti⁵⁵ ȵi⁵⁵ meu⁵³ fa:ŋ¹³ jan³¹ si³¹ ŋo⁵³ xu³³ xai³¹ çoŋ¹³

直译： 第 二 卯 方 寅 时 五 虎 棺 凶

意译： 第二元甲子卯方、寅时犯五虎，择吉犯之死人，凶。

水字： 𛰀 三 禾 丂 酉 丆 屯 𠙴
　　　 𠙷 㐅

音标： ti⁵⁵ xa:m¹³ mi⁵⁵ fa:ŋ¹³ ju⁵³ si³¹ ŋo⁵ xu³³ xai³¹ çoŋ¹³

直译： 第 三 未 方 酉 时 五 虎 棺 凶

意译： 第三元甲子未方、酉时犯五虎，择吉犯之死人，凶。

水字：凶 四 工 丂 禾 歹 乇 𠮛
　　　　又

音标：ti⁵⁵　xi³⁵　xi⁵³　fa:ŋ¹³　mi⁵⁵　si³¹　ŋo⁵³　xu³³
　　　xai³¹　çoŋ¹³

直译：第　四　巳　方　未　时　五　虎
　　　棺　凶

意译：第四元甲子巳方、未时犯五虎，择吉犯之死人，凶。

水字：凶　乇　下　丂　工　歹　乇　𠮛
　　　　　又

音标：ti⁵⁵　ŋo⁵³　xət⁵⁵　fa:ŋ¹³　xi⁵³　si³¹　ŋo⁵³　xu³³
　　　xai³¹　çoŋ¹³

直译：第　五　戌　方　巳　时　五　虎
　　　棺　凶

意译：第五元甲子戌方、巳时犯五虎，择吉犯之死人，凶。

水字：凶　兊　禾　丂　禾　歹　乇　𠮛
　　　　　　又

音标：ti⁵⁵　ljok³²　mi⁵⁵　fa:ŋ¹³　mi⁵⁵　si³¹　ŋo⁵³　xu³³
　　　xai³¹　çoŋ¹³

直译：第　六　未　方　未　时　五　虎
　　　棺　凶

意译：第六元甲子未方未时犯五虎，择吉犯之死人，凶。

水字：凶　寸　申　丂　㐅　歹　乇　𠮛

音标：ti⁵⁵　xjat⁵⁵　sən¹³　faːŋ¹³　ŋo³¹　si³¹　ŋo⁵³　xu³³
　　　xai³¹　ɕoŋ¹³

直译：第　七　申　方　午　时　五　虎　棺　凶

意译：第七元甲子申方午时犯五虎，择吉犯之死人，凶。

条目意译：

　　第一元甲子忌寅方、丑时。

　　第二元甲子忌卯方、寅时。

　　第三元甲子忌未方、酉时。

　　第四元甲子忌巳方、未时。

　　第五元甲子忌戌方、巳时。

　　第六元甲子忌未方、未时。

　　第七元甲子忌申方、午时。

注释：

　　本条目原文汉字注"忌退、放鬼不用"。古代水族民间方式有放鬼、退鬼、拒鬼等自我保护方式，属于一种自我抵御与防卫的民间巫术，企图借助灵力使对方暗中受伤受损。如某人仗势欺人，受害方就暗中举行放鬼的仪式，让恶鬼加祟于对方；当对方探知，即举行退鬼的仪式将恶鬼拒之门外。对于此种行为，水族社会有良好的舆论导向，以自己没有过错为前提，所举行的放鬼才具有灵力，才能伸张正义，才能克制对方。设若自己有过错在先，明知理亏还要放鬼害人，对方一旦退鬼，自己就会遭受双倍伤害，故一般举行放鬼仪式都非常慎重。

星宿（九）
ni⁵³ tɕom³¹

水字： 正　 屯　 六　　　 $\mathit{虫}$
音标： tsjeŋ¹³　ŋo⁵³　tɕu³³　ŋa³¹ nət³² tɕi¹³
直译： 正　 五　 九　 昴　 日　 鸡
意译： 正月五月九月忌二十八宿的昴日鸡宿。

水字： 二　 兊　 十　　　 $\mathit{水}$
音标： ȵi⁵⁵　ljok³² sop³²　pjek⁵⁵sui³³ɕi¹³
直译： 二　 六　 十　 壁　 水　 貐
意译： 二月六月十月忌二十八宿的壁水貐宿。

水字： 三　 才　 十　 一　　 $\mathit{蚓}$
音标： xa:m¹³　xjat⁵⁵ sop³² jat⁵⁵　kən³⁵sui³³jən⁵³
直译： 三　 七　 十　 一　 轸　 水　 蚓
意译： 三月七月十一月忌二十八宿的轸水蚓宿。

水字： 四　 八　 十　 二　　 $\mathit{獐}$
音标： xi³⁵　pet³⁵ sop³² ȵi⁵⁵　lu⁵³ thu³³tsa:ŋ¹³
直译： 四　 八　 十　 二　 柳　 土　 獐
意译： 四月八月十二月忌二十八宿的柳土獐宿。

条目意译：

　　正月五月九月忌昴日鸡。

　　二月六月十月忌壁水貐。

三月七月十一月忌轸水蚓。

四月八月十二月忌柳土獐。

注释：
本条目按照月份避忌二十八宿，安葬不能违犯。

七 元 忌
xjat⁵⁵ ti⁵⁵ ɕoŋ¹³

水字： 凹　一　工①　廾　兑　○
音标： ti⁵⁵　jat⁵⁵　tɕjeŋ¹³　mu⁵⁵　jan¹³　wan¹³
直译： 第　一　正　戊　寅　日
意译： 第一元甲子忌戊寅日。

水字： 凹　二　廾　午　○
音标： ti⁵⁵　n̠i⁵⁵　mu⁵⁵　ŋo³¹　wan¹³
直译： 第　二　戊　午　日
意译： 第二元甲子忌戊午日。

水字： 凹　三　廾　下　○
音标： ti⁵⁵　xa:m¹³　mu⁵⁵　xət⁵³　wan¹³
直译： 第　三　戊　戌　日
意译： 第三元甲子忌戊戌日。

水字： 凹　四　己　工　歹　歹　朵
音标： ti⁵⁵　xi³⁵　tɕi¹³　xi⁵³　fa:ŋ¹³　si³¹　tsek³² tu⁵³
直译： 第　四　己　巳　方　时　则　斗
意译： 第四元甲子的己巳日是则斗日。

水字： 凹　五　己　己　○

---

① 此水字工，只作配音，不作"正月"讲。

音标：ti⁵⁵　ŋo⁵³　tɕi¹³　ju⁵³　wan¹³
直译：第　　五　　己　　酉　　日
意译：第五元甲子忌己酉日。

水字：𛰋　𛰌　𛰍　𛰎　𛰏　𛰐　𛰑
音标：ti⁵⁵　ljok³²　jat⁵⁵　su³³　fa:ŋ¹³　si³¹　tsek³² tu⁵³
直译：第　　六　　乙　　丑　　方　　时　　则　斗
意译：第六元甲子的乙丑日是则斗日。

水字：𛰋　𛰒　𛰓　𛰔　𛰕　𛰖　𛰗　𛰏　𛰐　𛰑
音标：ti⁵⁵　xjat⁵⁵　mu⁵⁵　sən¹³　wan¹³　n̠um³¹　sən¹³　fa:ŋ¹³　si³¹　tsek³² tu⁵³
直译：第　　七　　戊　　申　　日　　壬　　申　　方　　时　则　斗
意译：第七元甲子的戊申日、壬申日则斗日。

条目意译：

　　第一元甲子忌戊寅日。

　　第二元甲子忌戊午日。

　　第三元甲子忌戊戌日。

　　第四元甲子忌己巳日。

　　第五元甲子忌己酉日。

　　第六元甲子忌乙丑日。

　　第七元甲子忌戊申日、壬申日。

注释：

则斗，水语音译，水书条目名称。本条目列举日子，安葬忌用，易招致人命案使得家财退败。古代水族组织队伍吊唁时，有互相斗法的恶习，传说由在这些日子出生的人率领吊唁队伍前去凭吊，他人所施巫术不灵，能够有效保护花伞[①]不被破坏。

[①] 花伞，水族地区吊唁用的纸扎，有纸旗和纸幡，纸旗用竹竿扎如旗帜状，纸幡挂在枝繁叶茂的竹竿上部，每支吊唁队伍带 20 至 30 种不等，若不能保护这些花伞到吊唁现场被人耻笑。

三

附录

水族水字研究

梁光华　蒙耀远

一、水族水字调查统计

贵州地处四川盆地和广西丘陵之间的云贵高原东部，处于高原向丘陵和平原过渡的地带，是众多少数民族交汇之地，世居17个少数民族，分别隶属于南方氐羌、苗瑶、百越、百濮四大古代族系，同时形成了多姿多彩的少数民族文化习俗。水族属古越族系之一，人口40万余，主要聚居在贵州省南部和广西北部，其中贵州省三都水族自治县是全国唯一的水族自治县。水族是一个勤劳智慧的民族，水族人民用他们的勤劳和智慧创造了珍贵的水字去记录他们的生活和习俗。用水字记录的水书习俗，于2006年入选第一批国家非物质文化遗产名录。用水字记载的水书古籍文献，存世及传承面临诸多困难和问题，因而水族水字水书也成为了濒危的少数民族古籍文献与少数民族文字，亟需抢救保护、研究与传承。笔者通过完成结项等级为良好的国家社科课题《水族水书语音语料系统研究》（批准号：07XM004，证书号：2011004），遍查水族水书古籍文献，目前共见不重复的水字单字472个（未计手书异体字），按照水书体系，我们将水书文献古籍中的472个水字分为十类：（1）星宿鬼神，（2）天地八

---

① 本文原载于《黔南民族师范学院学报》，2015年5月第35卷第3期，第38—44页。中国人民大学书报资料中心《语言文字学》2015年第10期全文复印转载。这是该复印资料《语言文字学》唯一全文复印转载关于水族水字研究的论文。

卦,(3)禽兽鱼虫植物,(4)房田器具食物,(5)水书条目名称,(6)人体人事,(7)季节时辰,(8)方位形状,(9)数名,(10)行为。笔者通过对水书古籍文献原件进行扫描的方式,将以上十类472个水字的正体字、汉译备注等内容,列表如下,以供专家和关注水族水书水字的读者研究使用。

表1 水族水字总表

序号	汉译	水体	序号	汉译	水体
1	弼星		18	娄金狗	
2	绕		19	柳土章	
3	辅星		20	张月鹿	
4	破军星		21	参水猿	
5	破		22	虚日鼠	
7	文曲星		23	室火猪	
8	说		24	箕水豹	
9	武曲星		25	鬼金羊	
10	贪狼星		26	牛金牛	
11	贪		27	井木犴	
12	巨门星		28	星日马	
13	揭		29	心月狐	
14	廉贞星		30	鬼	
15	禄存星		31	神	
16	氐土貉		32	天狗	
17	尾火虎		33	怪物	

三、附录　235

（续表）

序　号	汉译	水体	序　号	汉译	水体
34	翼火蛇		56	星	
35	轸水蚓		57	云	
36	昴日鸡		58	雨	
37	角木蛟		59	霞	
38	亢金龙		60	风	
39	奎木狼		61	雷	
40	房日兔		62	阴	
41	觜火蛇		63	阳	
42	毕月乌		64	金	
43	壁水貐		65	木	
44	女土蝠		66	水	
45	危月燕		67	火	
46	胃土雉		68	土	
47	斗土蟹		69	河	
48	天		70	川	
49	地		71	符	
50	第		72	卦	
51	世		73	坤	
52	日		74	兑	
53	日		75	震	
54	月		76	乾	
55	月		77	离	

(续表)

序号	汉译	水体	序号	汉译	水体
78	爻		100	鸟	
79	艮		101	鱼	
80	坎		102	虫	
81	巽		103	蛇	
82	牲口		104	螺	
83	牛		105	蚯蚓	
84	马		106	鲫	
85	猪		107	水疍	
86	犬		108	蜘蛛	
87	兽		109	鲇鱼	
88	龙		110	虾	
89	豹		111	鳞	
90	猴		112	柏枝叶	
91	虎		113	花	
92	狼		114	果	
93	竹鼬		115	枝	
94	天鹅		116	绿	
95	凤		117	草	
96	鹅		118	鹞子	
97	鸦		119	房	
98	鸡		120	家	
99	翅膀		121	房间	

三、附录　237

（续表）

序　号	汉　译	水　体	序　号	汉　译	水　体
122	空房		144	水槽	
123	仓		145	轩	
124	寨门		146	竹蒸笼	
125	门		147	萝	
126	窗		148	叉	
127	田		149	斧头	
128	坡		150	凿子	
129	山		151	旗	
130	林		152	弓	
131	塘		153	箭	
132	桥		154	铃铛	
133	涵洞		155	项圈	
134	梯		156	梳子	
135	耙		157	箩子	
136	犁		158	针	
137	锯		159	线	
138	梭标		160	糖	
139	鞍		161	粥	
140	鼓		162	谷	
141	衙门桌		163	酒	
142	桌		164	谷穗	
143	棺		165	财产	

(续表)

序号	汉译	水体	序号	汉译	水体
166	银		188	破散	
167	香		189	撒家	
168	裳		190	地转	
169	源		191	大皇	
170	草鞋		192	夕耿	
171	帚		193	正卯时	
172	碗		194	夕瓦	
173	锤		195	夕摆	
174	根		196	夕棒	
175	笔		197	腊血	
176	壶		198	鲁封	
177	伞		199	吕墩	
178	镰刀		200	忌打项圈	
179	衣		201	杀朋	
180	队别连		202	撒晒	
181	都居		203	撒象	
182	半用		204	举银	
183	八平		205	金醒	
184	八本宫		206	金果笔	
185	辅苦		207	引贯	
186	傍堂		208	空濛	
187	白木		209	岁数	

(续表)

序号	汉译	水体	序号	汉译	水体
210	天数		232	天罡	
211	狐铎		233	念友	
212	姑秀		234	龙犬	
213	姑叉		235	六顽	
214	姑短		236	六朵	
215	俄居		237	六连	
216	五虎		238	鲁骸	
217	梭项		239	则列	
218	勾采		240	排四引	
219	勾夹		241	头	
220	勾捏		242	脸	
221	各本		243	眼	
222	翻梯		244	耳	
223	风溶		245	鼻	
224	阿挠		246	嘴	
225	虎兔		247	手	
226	九已		248	足	
227	九火		249	腰	
228	代牙		250	肠	
229	天嘴鸡		251	瞎眼	
230	天翻		252	人头	
231	天罡		253	祖	

(续表)

序号	汉译	水体	序号	汉译	水体
254	公		276	旺	
255	母		277	寿	
256	父		278	逝	
257	兄		279	败	
258	弟		280	凶事	
259	姐		281	死	
260	妹		282	丧	
261	姑		283	骸	
262	嫂		284	伤	
263	叔		285	坑	
264	伯		286	瘦	
265	舅		287	甲	
266	甥		288	乙	
267	岳父		289	丙	
268	婿		290	丁	
269	儿		291	戊	
270	孙		292	己	
271	男		293	庚	
272	女		294	辛	
273	夫		295	壬	
274	妇		296	癸	
275	人		297	子	

(续表)

序号	汉译	水体	序号	汉译	水体
298	丑		320	当	
299	寅		321	重丧	
300	卯		322	退逃	
301	辰		323	则斗	
302	巳		324	灭	
303	午		325	初	
304	未		326	水伤	
305	申		327	吉	
306	酉		328	牛洼	
307	戌		329	体显	
308	亥		330	绝体	
309	春		331	凶	
310	夏		332	灭门	
311	秋		333	久	
312	冬		334	正	
313	古		335	官印	
314	今		336	东	
315	时		337	南	
316	年		338	西	
317	墓玄		339	北	
318	犯		340	上	
319	欢		341	中	

(续表)

序号	汉译	水体	序号	汉译	水体
342	下		364	四	
343	左		365	五	
344	右		366	六	
345	大		367	七	
346	小		368	八	
347	高		369	九	
348	宽		370	十	
349	长		371	十一	
350	方		372	十二	
351	话		373	百	
352	占		374	万	
353	边		375	半	
354	在		376	堆	
355	位		377	群	
356	堂扶		378	第	
357	涌恒		379	元、始	
358	引蜡		380	元	
359	五锤		381	众	
360	地方		382	多	
361	一	一	383	层	
362	二	二	384	束	
363	三	三	385	月数	

(续表)

序号	汉译	水体	序号	汉译	水体
386	滴酒		408	欧打状	
387	九架		409	甩	
388	典地		410	抓	
389	忌		411	补	
390	纷纷		412	喜欢	
391	和		413	慢	
392	计		414	封	
393	荒		415	胡	
394	逢		416	盘	
395	最		417	满	
396	浓厚		418	看	
397	那		419	关	
398	那种		420	促	
399	跳跃		421	抽	
400	跨		422	好	
401	踢		423	宜	
402	刀		424	获得	
403	进		425	随	
404	去		426	换	
405	转		427	驱使	
406	倒		428	立	
407	上吊		429	流	

(续表)

序号	汉译	水体	序号	汉译	水体
430	下山		452	晕	
431	用力撑		453	天旋地转	
432	介绍		454	哭	
433	走		455	退	
434	错		456	潮	
435	夹住		457	杀	
436	选中		458	诬害	
437	议论		459	三人行	
438	跃		460	散	
439	恨		461	葬	
440	恶		462	放置	
441	兴		463	岜负	
442	千金		464	飞	
443	乖		465	祭	
444	屠		466	扫	
445	跟		467	醉	
446	出		468	抬凶死者	
447	深		469	滑	
448	漫		470	闪烁	
449	从		471	连	
450	等		472	力	
451	开				

表中所列472个水字（未计异体字），系水书古籍文献原件的扫描字。笔者在调查研究中，原创性地运用计算机类属码对这472个水字进行了编码，建立了水字计算机字库，开发了竹签体水书输入法软件，相关专利正在申报中。

二、水族水字造字法分析

综观上列472个水字，经过深入地研究，笔者认为水族水字是借鉴汉字"六书"造字原理而创造出来的文字。按照水字造字原理，可将其分为三类：

（一）图画水字

水族水字是借鉴汉字"六书"之象形造字原理，描摹实物形状，使其图画形象逼真。图画水字都是以实体呈现，不难看出图画水字是水族人民观察实物形状而创造的文字。例如：

1. 动物形体特征造字：如❋（人）、❋（鱼）、❋（虫）、❋（牛）、❋（虫）、❋（马）、❋（猴）、❋（蜘蛛）、❋（螺）。

2. 植物形态造字：如❋（穗）、❋（果）、❋（花）、❋（谷）、❋（枝）、❋（林）。

3. 物质现象造字：如❋（风）、❋（雨）、❋（云）、❋（雷）。

4. 描摹器具造字：如❋（刀）、❋（斧）、❋（弓）、❋（笔）、❋（仓）、❋（棺）、❋（鞍）、❋（梳）、❋（屋）、❋（锯）、❋（壶）、❋（犁）、❋（碗）、❋（寻）。

5. 描摹人体器官造字：如❋（脸）、❋（口）、❋（耳）、❋（头）、❋（肠子）、❋（手）。

6. 描摹宿象动物造字，二十八宿全为动物指代宿象，故水字宿象全部是描绘动物的图画水字。例如：❋（昂日鸡）、

✳（毕月乌）、✳（壁水㺄）、✳（参水猿）、✳（氐土貉）、✳（斗木蟹）、✳（房日兔）、✳（鬼金羊）、✳（箕水豹）、✳（角木蛟）、✳（井木犴）、✳（亢金龙）、✳（奎木狼）、✳（柳土獐）、✳（娄金狗）、✳（牛金牛）、✳（女土蝠）、✳（室火猪）、✳（危月燕）、✳（尾火虎）、✳（胃土雉）、✳（心月狐）、✳（星日马）、✳（虚日鼠）、✳（翼火蛇）、✳（张月鹿）、✳（轸水蚓）、✳（觜火猴）。

（二）形意水字

有一定的实物形状，但又有抽象的表意特征，难以描摹之形，难以直指之事，难以直会之意，可通过象形兼指事、会意的造字方法来造字。

这一类字是水族人民自己借鉴汉字"六书"的造字方法而创造出来的文字，汉字、汉文化对这类水字的影响是极其明显的，说明水族人民善于吸收先进的汉文化。可以推断，在水族地区，老百姓所称创制水字的陆铎公当是一个汉文化水平极高的智者。通过以下字例加以说明。

1. 与眼睛有关的一组类型字

oo（眼睛）、⊙⊙（看）、●●（瞎），两个并列的小圆圈是一对眼睛的写征，为图画水字；眼珠子在转动表示"正在看"这一动作，双目涂黑表示什么都看不见，为"瞎"字，后两字为形意水字。

2. 与人相类的一组类型字

✳（人）、✳（死）、✳（鬼），一个站立的人的图像即为"人"字，为图画水字；平躺状为死的表征，作"死"字，而与"人"字相对立，头朝下脚朝上者则为"鬼"字，后两字为形意水字。

3. 接通天宇的 ⼪（神）字

⼪被水族作为人敬神的木制神架，⼪字属独创图画水字。敬神的木制神架表示能接通天神，是人与天神对话的桥梁。古汉字"豊、豐"同字：⾖，为"行礼之器"，祭祀高脚盘"豆"上"以玉事神"。水族⼪字与汉字⾖的造字原理有共通之处。⼪字是水族祭神文化习俗最生动、最形象的文化诠释。

4. 与多人有关的三个水字

𤴓（众多）、𠱠（议论）、𠕋（衙门桌）。𤴓（众多），类似一个站立的"人"的图画形像，用三个并列的头颅集中在一起表示人很多的意象；𠱠（议论），同样用三个集中在一起的头表示很多人在互相讨论问题；𠕋（衙门桌），三个并排的人头可理解为县令与其左右副手在审判案件。

5. 与碗有关的三个字

𠔻（碗）、𠯮（祭）、𠃜（歹）。这三个都与碗有关，很多碗口朝上排列在一起的碗作"碗"字；在供桌上进行祭祀要用碗来装供品，人是坐着吃，鬼与人相反，则将供桌倒立来表示所祭的鬼神在享用，用此表征来作"祭"字；"歹"在此只能作表音，是水书"歹碗"（音译）的简写，是通过禳解，凶象已经退去的意思；"𠃜"，此字形表达的是鬼神得到人给敬奉后的满足，边吃边走，渐行渐远的象征。

以上两类水字，实际上是受到汉字三口为"品"、三人为"众"、三石为"磊"等字的造字原理方法的启发而创制。

6. 与"⚲"有关的几个字

⚲（锤）、𠑑（五锤）、⚹（哭）、⚻（去）、𠄔（抓）。"⚲"，锤子的象征，作"锤"字；"𠑑"五把锤子在一起，是水书"五锤"条目的表示符号，水族人认为，触犯这一条目者，人的身体健康、家中的钱财、五禽六畜等都要遭受如同五把锤子一般的鬼不断地猛打，导致身体衰弱、钱财耗散、牲畜喂养不成等；"✕"表示互相锤打，才产生哭的动作，用以作"哭"字；"⌒"用一个被扔出去的意象表示"去"字；"ᑫᑫ"表示双臂合围，拳头靠拢，紧抓不放这一意象作"抓"字。

7. 쬬（祖），开表示高高在上的天，其义指高，▽表示人，开与▽上下会意，指人的最高辈份为祖。

8. 夵（父），大字在天字之下，一家有几口人均在大字之下，故为父。

9. 堼（星）指星光在大地上空闪耀。

10. 飛（泉）指示井口，并有流水。

此外，⋀（上）、冖（下）、⋺（左）、ᒉ（右）、꙰（破）等都是具有表意特征的水字。

（三）假借水字

假借水字绝大部分借用汉字，因而和汉字的楷书、甲骨文、金文、篆书等字体部分相似，从字形上又进行了省写、反写、减写、添加等改造。这样使得水字扑朔迷离，因而具有隐秘性。这类字多为天干地支、数字符号字，也有少量同音水字的假借。

假借水字字形变化表现为下面四种情况：

1. 假借汉字天干地支字。水字是祭祀占卜文字，水书先生祭祀占卜，全部借用汉字天干地支字记日、记时、记方位。这类假借水字字形与汉字字形没有太大变化，读音也与汉字颇为相似。如丑、午、未等都是使用汉字原形，部分水字在字形上稍作变化，如王（壬）、申（申）、⼰（己）。

2. 假借汉字天干地支字，字形笔画增损变形或反写、倒写：如▽（甲）、⼄（乙）、丅（丁）、⼦（子）、丑（丑）、午（午）、未（未）。

3. 假借汉字数字字，从"一至十"这十个常用数字字形和汉字字形没有什么变化，这在后期抄写的文献卷本是更为明显，如)(（八）、十（十）。

4. 假借汉字数字字，字形笔画增损变形或反写、倒写：如⼀（一）、⼆（二）、⼆（三）、囲（四）、㭁（六）、丅（七）、匕（五）、𠃌（九）。

5. 假借同音水字：如𢎘（南、男字通用）、卌（地、第通用）、㭁（六、禄通用）。

在水书古籍文献中，假借水字使用频率特别高。笔者曾对入选第一批国家珍贵古籍名录的水书《泐金·纪日卷》进行研究，该部水书古籍经有关专家鉴定，确定为明代水书抄本，是目前水族地区所见到的最早的水书典籍。在《明代水书〈泐金·纪日卷〉残卷水字研究》一文中，笔者曾对其作过穷尽式调查统计，结果表明：在《泐金·纪日卷》明残卷中，水族独创水字33个，但只占全书用字使用频率的49.6%；而其假借水字虽然只有28个，但却占全书用字使用频率的50.4%。考察后代水书典籍，虽然水字有500个左右，但独创水字在水书典籍中使用频率始终不高，甚至大大低于早期水书典籍，如《泐金·纪日卷》明残卷独创水字的使用频率。而水书中的假借水字，数量虽然只有几十个，但其主要功用能够满足水书经师在占卜中用以记录天干地支、时间日期、方位地理、次序数目以测吉凶的需要，所以从汉字中借用的假借水字的使用频率就相当高。

遍查水书古籍文献，至今没有发现运用形声造字法创造的水字。这是水族水字停留在较低层面，是水字字数较少的重要原因之一。

三、结语

水族人民使用的水语属汉藏语系壮侗语族侗水语支，水语与汉语同源共生。水语、汉语之语言语义有诸多密切对应关系。曾晓渝《汉语水语关系论》一书研究指出："汉语与水语的关系是历时的，动态的，是同源——分化——接触的发展过程。"[①] 水字受汉字"六书"原理的影响，借鉴"六书"象形、指事、会意之造字原理，独创了图画水字和形意水字，又借鉴汉字假借原理创造了假借水字。水族水字属于象形表意体系的祭祀占卜文字、语段文字，主要供水书先生祭祀占卜之用，还不能——记录水语中的词，故而字数较少。十九世纪四十年代，李方桂在《莫话记略·水语研究》一书中指出："水家文字似乎只为占卜用的，除巫师外大多数人是不会读的。"[②]（P83）六十多年过去了，水族水字的使用仍然如此，故而水族人一般不认识水字；水字还不能成为记录水语的普通交际工具，只是供水书先生祭祀占卜用的语段文字。笔者曾撰《关于水族水字水书起源时代的学术思考》等文指出：根据水族地区目前所能见到的水字水书实物和可靠传世史料典籍都是明代的。又根据《旧唐书》、《新唐书》，南宋马端临《文献通考》

---

① 曾晓渝，《汉语水语关系论》，北京：商务印书馆，2004。
② 李方桂，《莫话记略·水语研究》，北京：清华大学出版社，2005。

等史籍关于"抚水州"、"抚水蛮"的记载,水族在唐朝才作为单一的民族最早在广西环江、宜州一带形成,所以笔者认为水字水书的创制起源不会早于唐代。从水语早期至今水字汉借字与中古汉语和现代汉语普通话字音相同相近的对应关系,记载水族文化的水书水字,其创制起源不应当早于该民族成为单一民族的时代。①

[附录:本文关于水族水字总字数为 472 字的结论,是笔者 2011 年完成国家社会科学课题《水族水书语音语料库系统研究》的结题结论。此后笔者又进行水书水字深度调查研究,又发现了少量水字,新研究成果可见笔者新论文。]

---

① 饶文谊、梁光华,《关于水族水字水书起源时代的学术思考》,《原生态民族文化学刊》,2009(4)。

原件影印

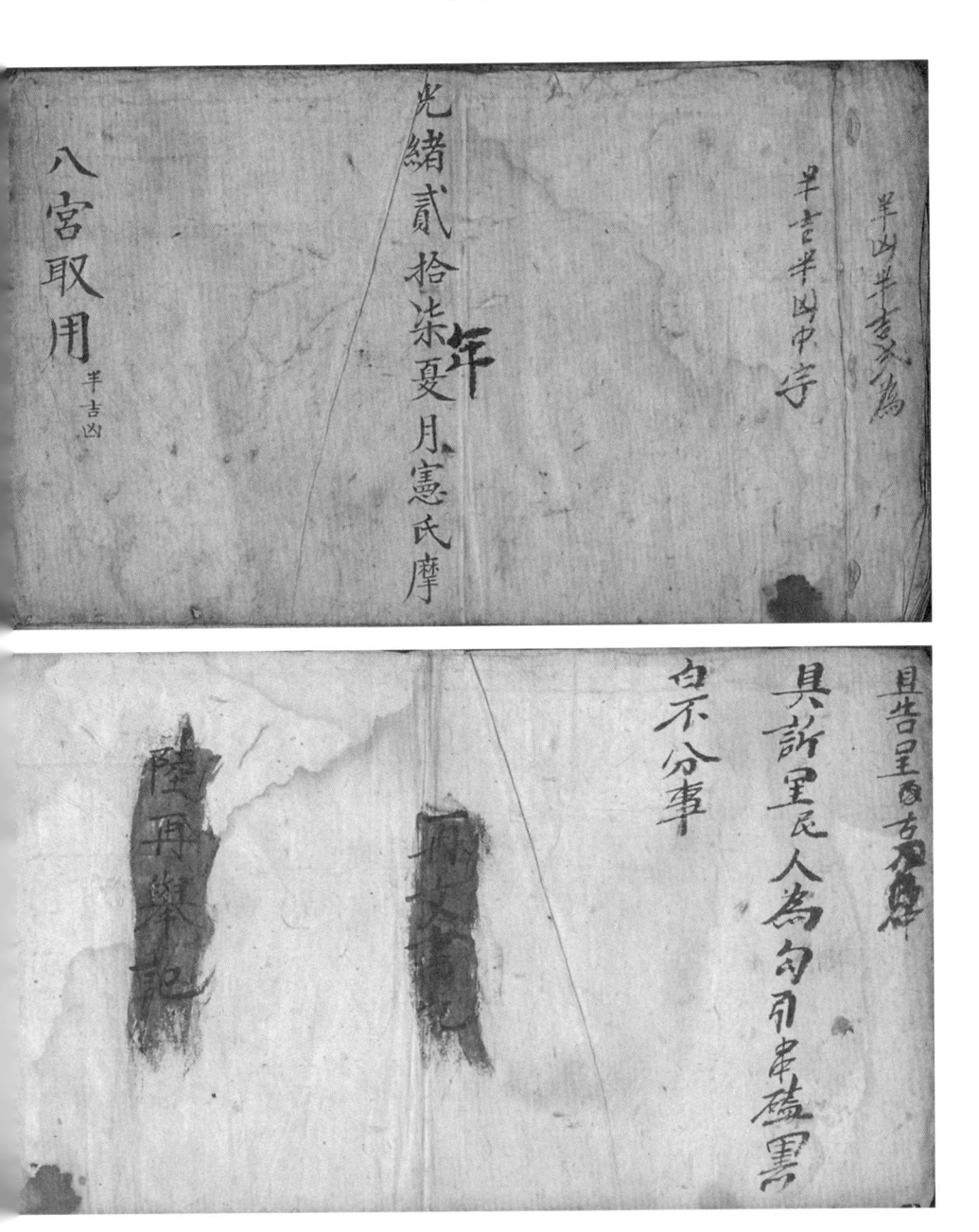

光緒貳拾柒年夏月憲氏摩

八宮取用 半吉凶

半吉半凶中守

半凶半吉又為

具告呈□古□□

具訴里民人為勾引串蓄冤

白不分事

陸再聚記

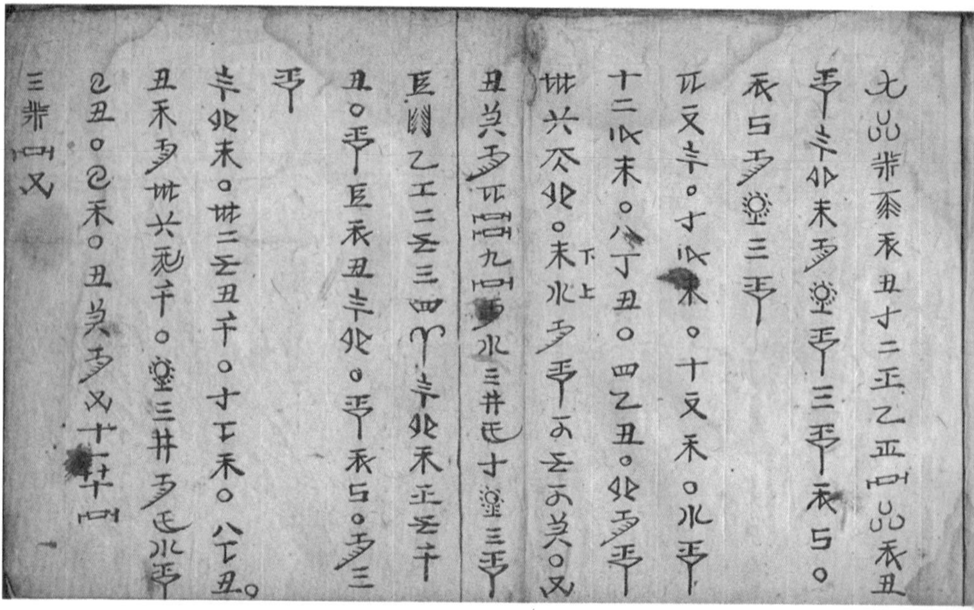

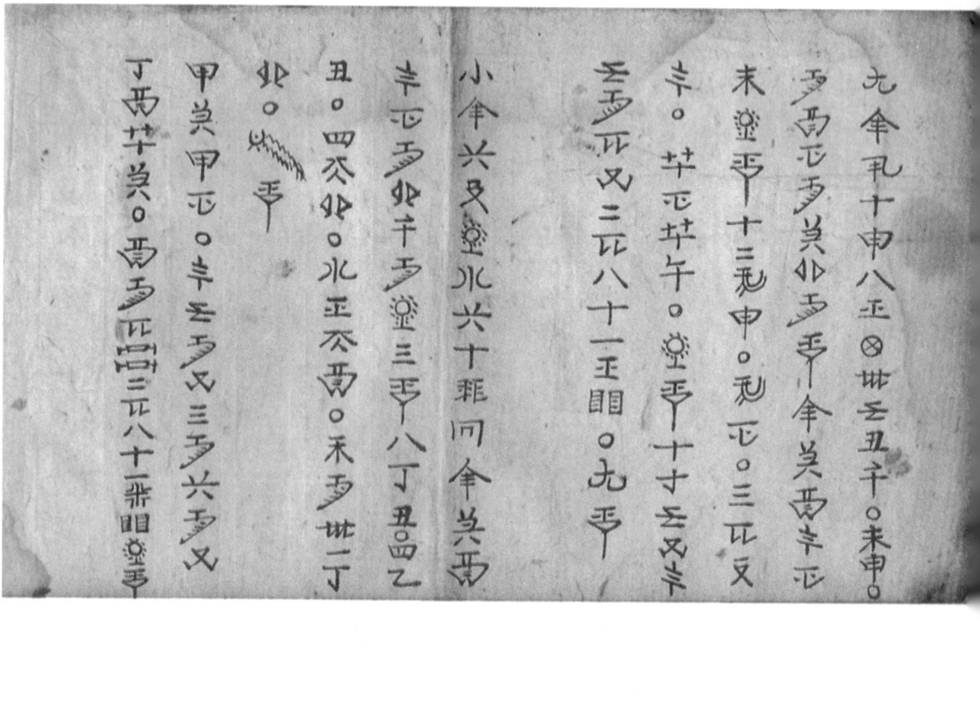

三、附录

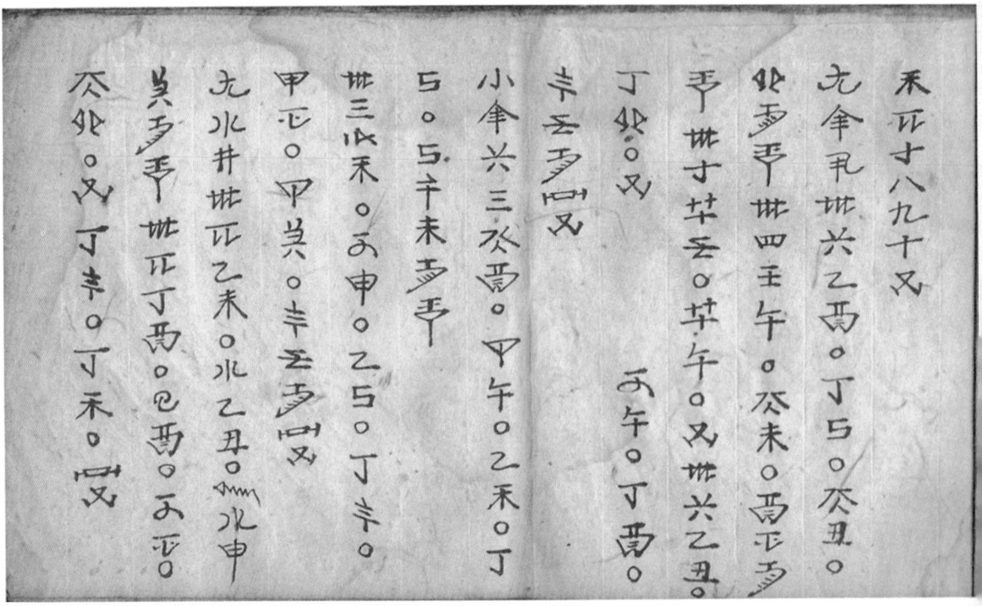

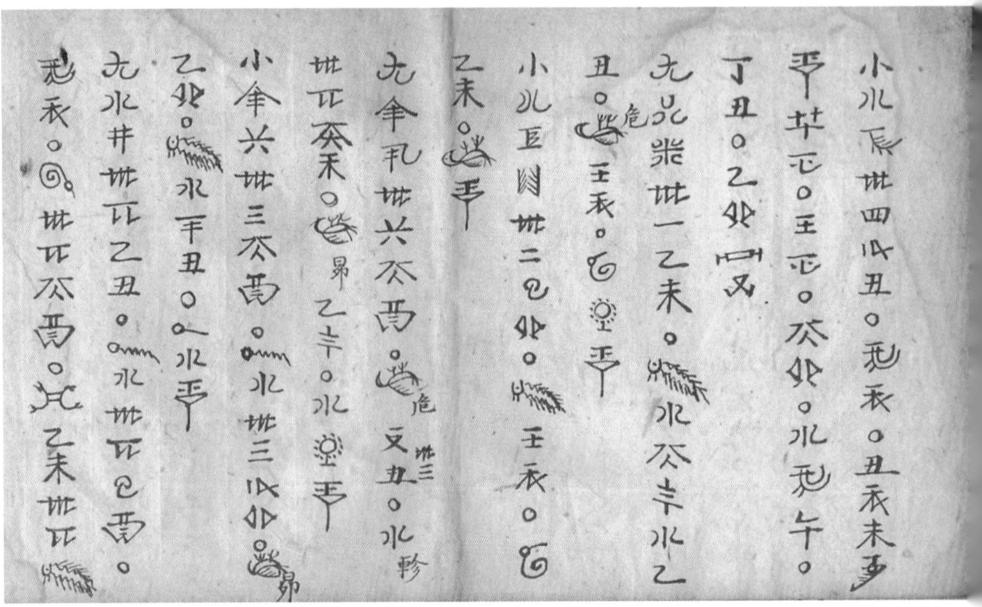

三、附录

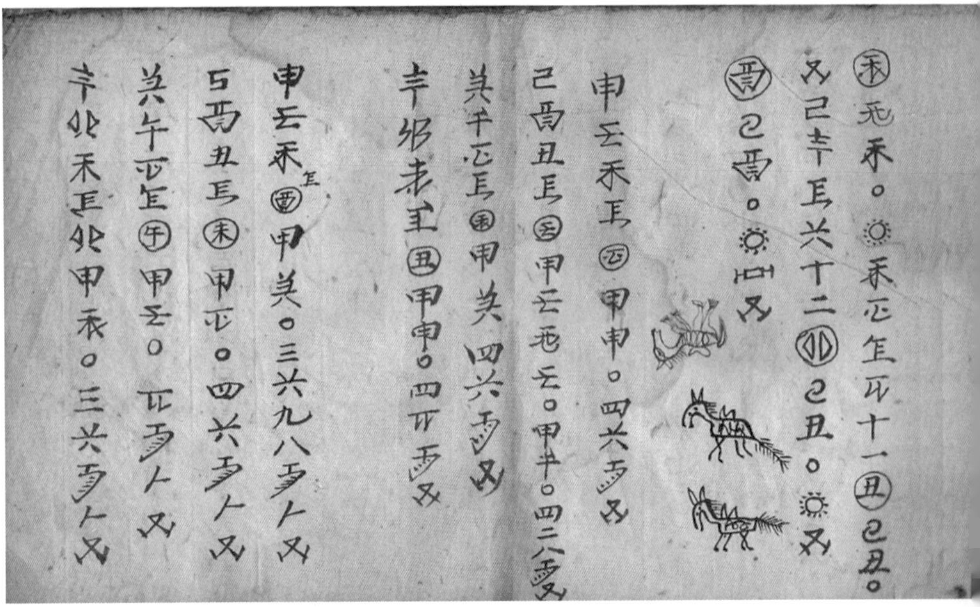

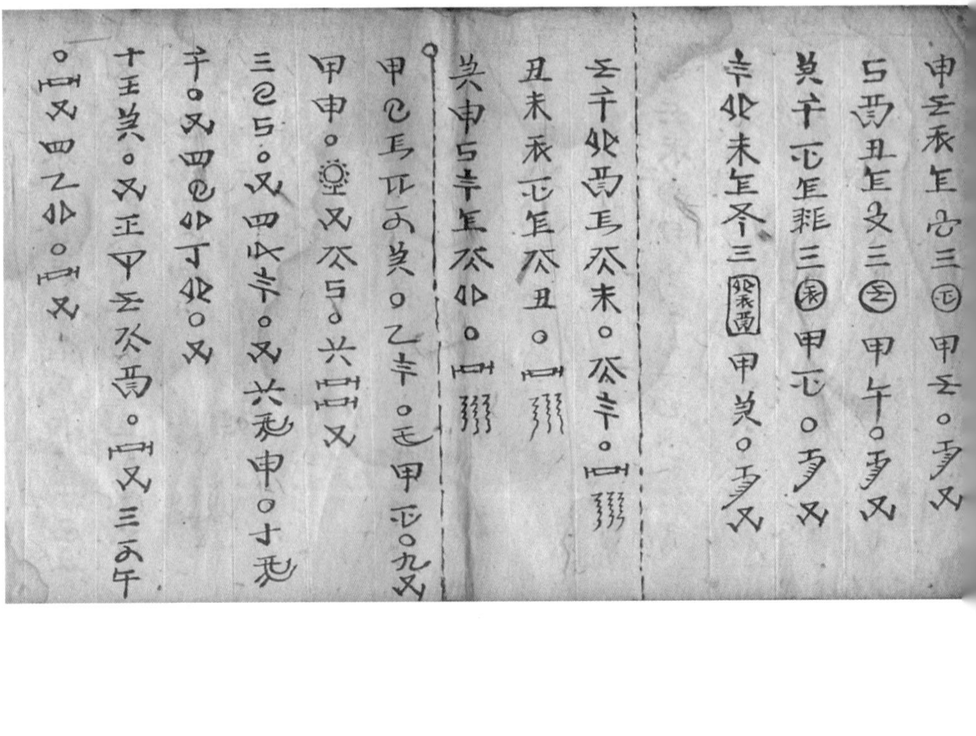

三、附录

260　八宫取用卷译注

三、附录 261

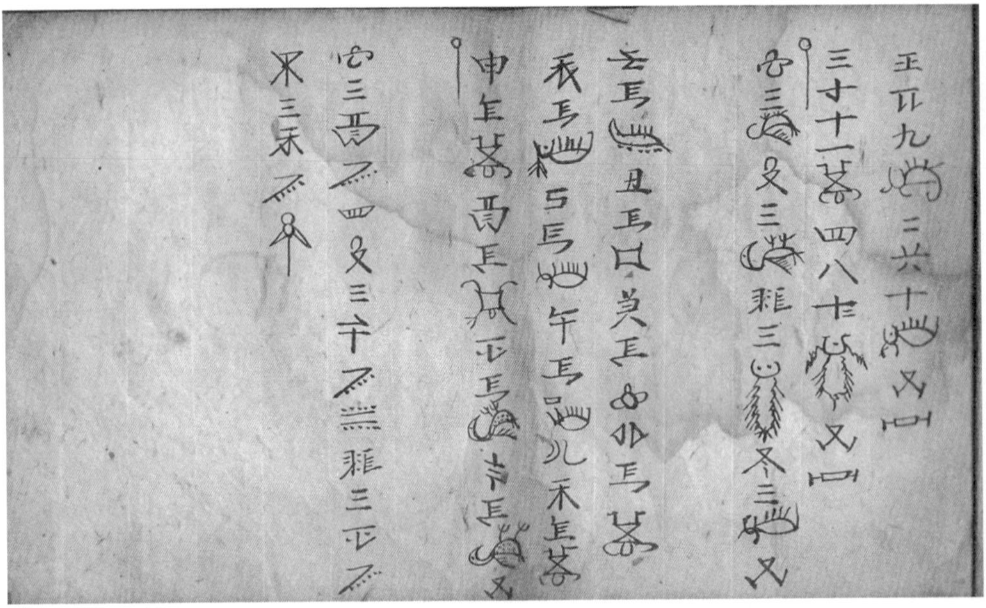

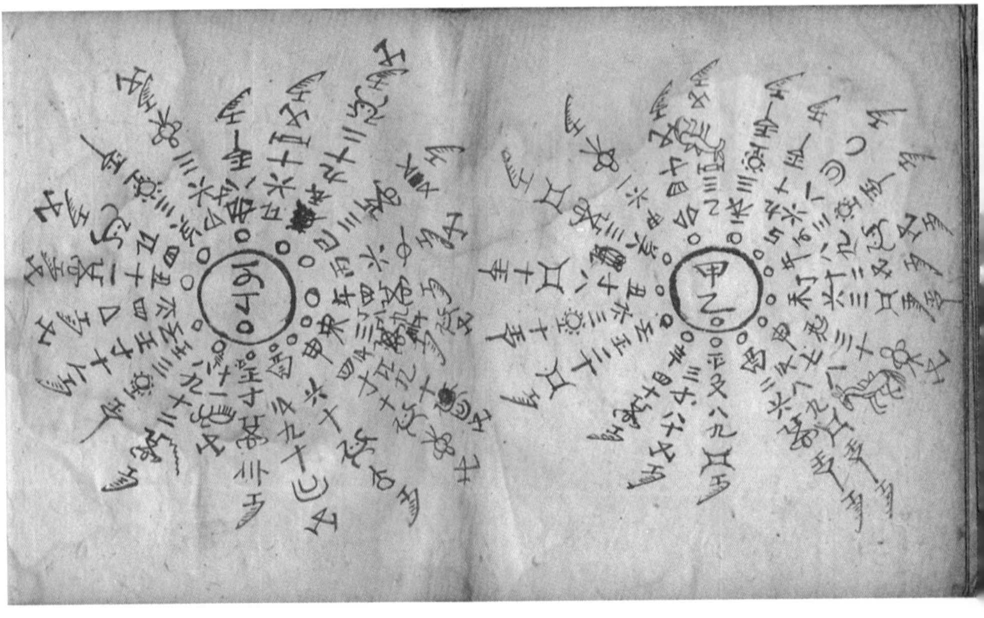

三、附录　263

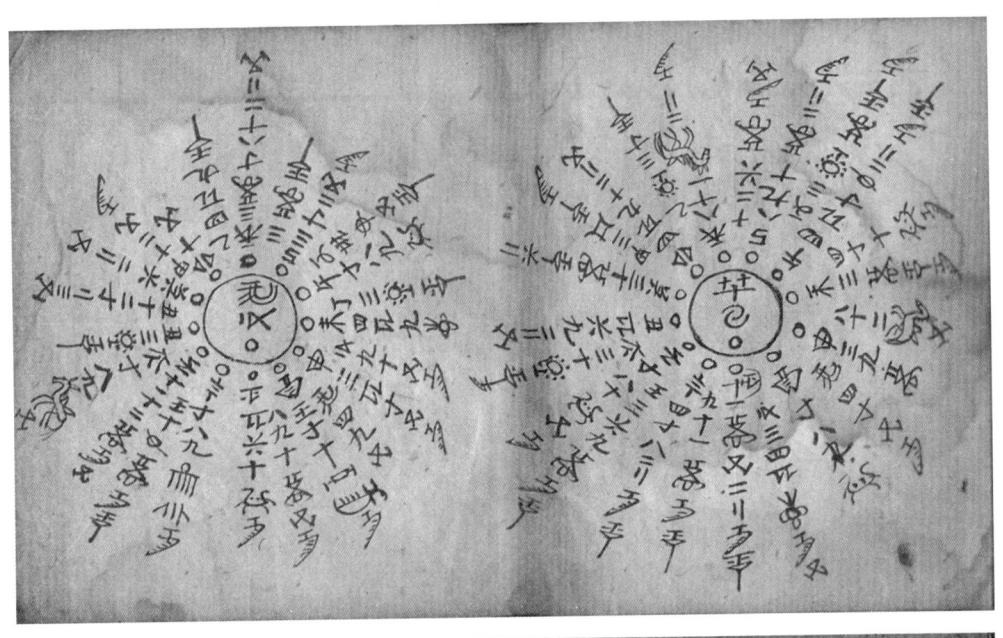

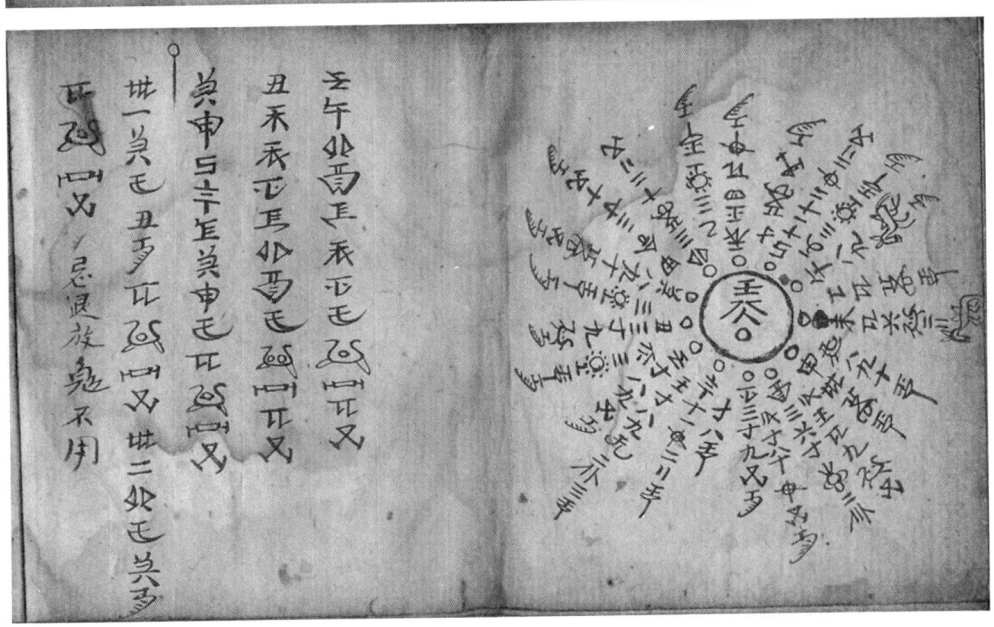

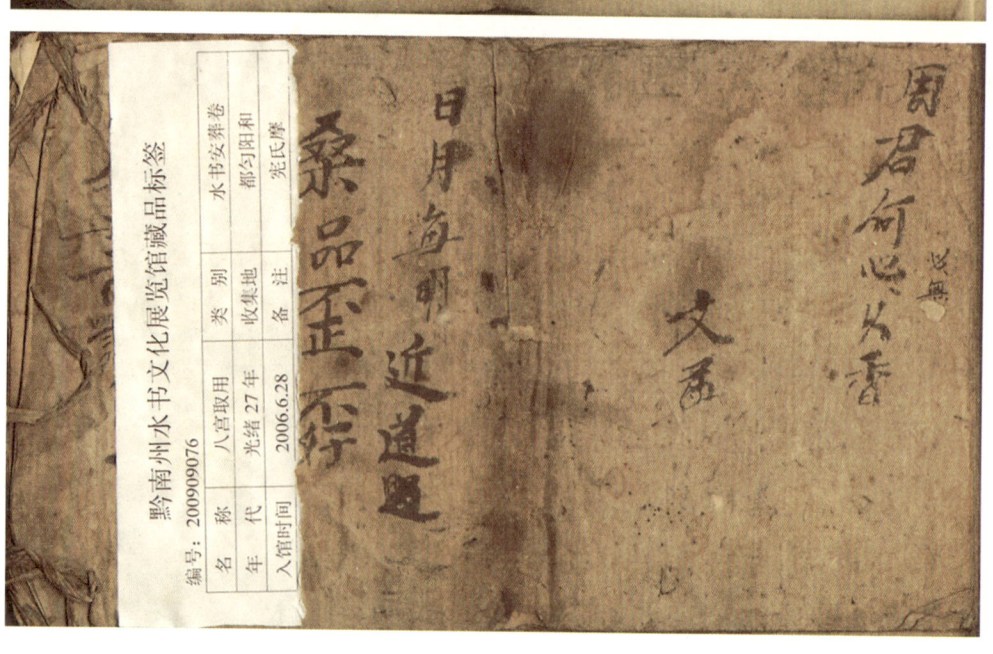

264　八宫取用卷译注

经国务院批准,黔南民族师范学院藏清光绪二十七年抄本《八宫取用》,入选第三批《国家珍贵古籍名录》(编号09808)。

特颁此证。

二〇一〇年六月十二日

《八宫取用》入选国家珍贵古籍名录证书

水書古奧獨家奇珍
本殘何國寶稀湮
血嘔心窮皓首傳薪
解秘奮鞭馳

國家十三五重點規劃項目"水書珍本校釋叢書"付印手記

歲次己亥 梁光華

后 记

2007年《水族水书语音语料系统研究》获得国家社会科学立项，2011年项目评审获得良好等级，顺利通过结题，然后公开出版这一研究专著，喜获贵州省第十届哲学社会科学优秀研究成果著作类三等奖。这个课题算是我们深入从事水书研究的开始，迄今已超过十个年头。在十年来的研究过程中，我们收集掌握了一些珍贵的水书资料，发表了十余篇论文，出版了四本著作，取得了一些成果，总结出一些经验，建立了一支颇有实力的水书研究团队。2017年11月，衷心感谢国家语委的有关领导和评审专家，通过我们申报的《国家珍贵古籍名录〈水书·八宫取用卷〉等六种译注》研究课题，使之获批为国家语委语言文字科研项目优秀成果后期资助2017年项目（项目编号HQ135-17）；2018年8月，这一项目又被列入国家十三五重点出版物规划项目，《八宫取用卷译注》一书就是这个项目的阶段性研究成果。

在水族社会中，《八宫取用卷》应用广泛，是水书中重要卷本，它又是入选第三批国家珍贵古籍名录的经典卷本，因而成为我们译注的首选本。《国家珍贵古籍名录〈水书·八宫取用卷〉等六种译注》获得立项后，黔南民族师范学院党委书记邹联克、校长石云辉亲自过问项目进展情况，从学校层面给予了鼎力支持；在项目申报工作中，黔南民族师范学院科研处、文学与传媒学院和民族研究院给予了大力支持，作为馆藏单位的民族研究院为这六种水书申报国家珍贵古籍名录做了大量的工作。在得知我们将译注研究这些水书古籍，民族研究院提供了最大便利，感谢张兴雄老师把该书扫描并制成电子版，使我们便于该书的提取、携带与利用。译注工作遇到不少困难，先后得到高级水书师蒙君昌先生、高级水书师杨胜昭先生、水书传承人蒙邦敏先生、水书专家姚覃军先生的帮助与支持，为我们释疑解难。在此，我们谨向重视关心此书译注工作的领导和同仁表示衷心感谢！

2017年7月，上海古籍出版社总编辑吕健先生、编审室主任占旭东先生莅临黔南民族师范学院，我们一同深入三都水族自治县调研水书古籍。我们对水书的研究、译注与出版达成共识，最终促成了这套丛书在上海古籍出版社出版。我们的初衷是想让国家珍贵古籍名录的水书译注本通过在海内外具有重大影响的知名出版社出版，使其相得益彰，焕发出她应有的学术文化光彩，从而不断提高中国水书在国内外的知名度和影响力，为水族水书语音语料库建库、为水族水书申报世界记忆遗产名录和世界非物质遗产奠定坚实的基础。我们诚挚地感谢上海古籍出版社，感谢吕健总编、占旭东主任和责编杜东嫣女士，感谢他们为本书的顺利出版付出的辛劳！

本书的研究与出版，还得到了贵州省重点学科中国古典文献学、贵州省区域一流建设培育学科中国语言文学、贵州省特色重点学科中国语言文学三个学科组同仁的大力支持，谨向各位同仁表示衷心的感谢！这是我们学科团队的又一研究成果！致力地方文献整理，致力民族文献研究，致力水族濒危水书的抢救、保护、研究与传承发展，这是我们一流学科团队开展科学研究的题中应有之义，是我们科研工作者的责任与使命担当。不忘初心，牢记使命；文化自觉与文化自信在肩，继续上下求索，继续黄卷青灯埋头苦干，撸起袖子加油干，继续努力研究前行，我们定当为民族文化繁荣发展取得更加丰硕的研究成果。

由于时间仓促，加上国家珍贵古籍名录水书《八宫取用卷》的难度以及译注者水平有限，书中难免错谬，敬请方家和读者批评指正！

梁光华　蒙耀远
罗　刚　肖　锟
2018年1月于黔南民族师范学院